O CASO
CESARE BATTISTI
A PALAVRA DA CORTE

Projeto Gráfico e capa:
Geraldo Jesuino
Editoração Eletrônica:
Geraldo Jesuino e Virna Jesuino
Revisão:
Vianney Mesquita e Aíla Sampaio
Fotos: **Arquivo do Autor e wikipedia.org**
Ilustrações:
Harley Machiavel

*WALTER SILVA PINTO FILHO é bacharel em Direito pela Universidade de Fortaleza. Promotor de Justiça titular da 9ª Promotoria da Fazenda Pública. Foi um dos idealizadores do PROCON de Fortaleza e ex-Coordenador Geral do DECON-CE, do Ministério Público.

Palestrante nas áreas do Direito do Consumidor, Cinema e Cultura como ferramenta do pensamento estratégico. Participa de júris simulados em Universidades. Autor do livro *CINEMA - A Lâmina Que Corta*.

Walter Silva Pinto Filho

O CASO CESARE BATTISTI

A PALAVRA DA CORTE

4ª EDIÇÃO
REVISTA

Edição do Autor
FORTALEZA/2023

Copyright © 2021 by Walter Filho

Impresso no Brasil / Printed in Brazil

Efetuado Depósito Legal na Biblioteca Nacional

TODOS OS DIREITOS RESERVADOS

walterfilhop@hotmail.com
walterfilhop@gmail.com

W237c Walter Filho.
           O caso Cesare Battisti : a palavra da Corte / Walter Filho. – 5. ed.,
       rev. e atual. – Fortaleza : Edição do Autor, c2023.
           238 p. : il. , 21 fotos. p&b ; 15 x 23 cm.

           Inclui fotos, páginas do voto do Ministro relator Cezar Peluso,
       páginas das sentenças italianas [fac-símile]
           e Lei 9474/97.
           ISBN
           1. Battisti, Cesare – biografia. 2. Ativista político. 3. Biografia.
       4. Itália – política. 5. Itália – história. I. Título.

                              CDU: 929Battisti

Com bastante frequência o criminoso não está à altura de seu ato: ele o apequena e o difama.

NIETZSCHE

Dedico este livro a todas as pessoas vítimas da violência em qualquer parte do mundo e, especialmente, aos familiares de Antonio Santoro, Pierluigi Torregiani, Lino Sabbadin e Andrea Campagna.

In memoriam de **Sandro Vaia**

L'Ambasciatore d'Italia in Brasile

Brasília, 25 de março de 2009

prot. 1588

Prezado Dr. Silva Pinto,

Com a presente carta desejo agradece-la pela sua comunicação, a mim dirigida em relação à extradição di cidadão italiano Cesare Battisti.

Li com interesse a sua entrevista publicada no diário O Estado de 16 de março p.p. que demonstra a sua sensibilidade e competência numa matéria tão delicada e complexa.

Em atendimento ao seu pedido, solicitei ao representante legal da República italiana no processo de extradição do Sr. Battisti que lhe envie as informações cabíveis e sei que o mesmo já entrou em contato com V.Sa.

Ao desejar-lhe êxito no cumprimento do seu mandato, valho-me do ensejo, Senhor Promotor, para renovar-lhe os atos da minha estima e consideração.

(Michele Valensise)
Embaixador da Itália no Brasil

Em.mo Dr. Walter Silva Pinto Filho
Promotor de Justiça do Júri da Capital
Fortaleza

SUMÁRIO

Prefácio [Dimas Macedo] /13
Battisti, um capricho ideológico [Sandro Vaia] /17
Introdução /21
A Fuga /29
PAC – Um Bando Armado /37
Os Crimes Contra a Vida /45
Antonio Santoro (A Primeira Morte) /57
Pierluigi Torregiani (A Segunda Execução) /71
Lino Sabbadin (O Terceiro Homicídio) /81
Dois Crimes no Mesmo Dia /89
Andrea Campagna (O Último Assassinato) /99
A Verdade Sofismada /113
A Saída da Facção Criminosa (Desencontros) /125
Os Fatos Distorcidos /139
Crimes de Sangue e não Crimes Políticos /155
A Concessão do Refúgio Político /163
A Extradição na França e no Brasil /173
A Proteção no Brasil /183
A Confissão do Terrorista /193
Referências Bibliográficas /202
Anexos /207

PREFÁCIO

Condenado pela Justiça da Itália e da França, e pelo Tribunal Europeu dos Direitos Humanos, pela prática de crimes contra a vida; fugitivo da vida carcerária da sua nação de origem; e preso pela Polícia Federal do Brasil, pela falsificação de documento, Cesare Battisti não é um ideólogo do bem, como querem os que o têm na condição de mito da esquerda.

É inadmissível que tenha encontrado tanta proteção, nos altos escalões da República, e que seja julgado qual um líder capaz de arrebatar muitos seguidores.

Se no Brasil não existissem Leis ou Constituição, talvez fosse correto dizer que os atos discricionários do Presidente Lula e do seu Ministro da Justiça, a favor de Cesare Battisti, constituem traços da generosidade ou da psicologia dos que exercem o poder político do Estado.

Na trajetória de Battisti, consta a prática de crime contra o Ministério da Justiça, pois, entrando no Brasil como fugitivo, falsificou o seu próprio Passaporte. E, quando foi preso pelo cometimento desse crime, não existia (e ainda não existe) qualquer forma de proteção legal, capaz de transformá-lo em refugiado, sendo este, também, o entendimento do Supremo Tribunal Federal.

Portanto, se não é refugiado político; se o Brasil não lhe concedeu asilo; se foi preso pela Justiça brasileira por falsificação de documento; se está condenado pela Justiça da Itália, pela prática de crime de sangue; e se, ainda assim, recebe Battisti a garantia de que não será extraditado, é porque não existe mais lógica na instância oficial do Estado brasileiro.

Luiz Inácio Lula da Silva, indiscutivelmente, no caso específico de Battisti, ratificou o fato de que o Brasil não é um País sério, porque se justo fosse o governo brasileiro, não seríamos para a ordem jurídica planetária o paraíso da impunidade e a nação que sempre acolhe com carinho os grandes fugitivos da Justiça.

Sei que os arautos de Battisti e da hegemonia política do Brasil acreditam que a defesa do *status quo* significa também a absolvição dos crimes da máquina do Estado. A minha consciência de jurista, contudo, está acima dessa contingência.

O Caso Cesare Battisti, Editora LCR (2011), de Walter Filho, não é um libelo de acusação ou de condenação. E não é, por igual, um documento de confronto com os donos do poder político de plantão. É antes uma radiografia e uma análise muito cuidadosa dos processos nos quais Cesare Battisti foi condenado pela prática de crimes de homicídio.

A anistia de um crime político ou o seu esquecimento não autoriza que sejamos imunes ao alcance da Justiça Criminal, nem nos dá um passaporte para delinquir ou para violar a ética em nome das nossas intenções.

Walter Filho esteve em Milão, em outubro de 2009, na fase inicial de suas pesquisas, examinando, *in loco,* os processos criminais contra Battisti, em tudo colocando Walter as suas lentes de Promotor de Justiça e de defensor do Estado Democrático.

Não vou explicar para o leitor a sequência lógica do livro, assim como os defensores de Battisti não entraram nunca no debate do assunto, talvez com receio de ouvir a voz de seus fantasmas, porque mentir e falsear a verdade se tornaram, no Brasil, as armas do poder contra a consciência e as divisas da paixão contra a liberdade.

De último, quero registrar que aceitei fazer a apresentação deste livro porque não posso negar a minha condição de jurista, comprometido com a liberdade e com o Estado de Direito, pois assim como o autor acredito na Constituição do Brasil, nas decisões do Supremo Tribunal Federal e na verdade (material e formal) da Justiça italiana.

E, ainda, que seja doloroso saber que o estelionato, o abuso de poder e a improbidade são as novas moedas do poder político no Brasil, acredito que nem todos os que se acham donos do Estado carregam um monstro na barriga ou pensam que a lógica do Direito está a seu favor.

Fortaleza, 28.02.2011

Dimas Macedo
Mestre em Direito. Jurista. Procurador do Estado.
Professor da UFC (Universidade Federal do Ceará).

BATTISTI, UM CAPRICHO IDEOLÓGICO
Sandro Vaia*

Alguns dos principais mitos usados pelos defensores da concessão do asilo ao terrorista italiano são discutidos derrubados pelo promotor cearense Walter Filho no livro "O Caso Cesare Battisti - A Palavra da Corte", cuja segunda edição (a primeira está esgotada) acaba de ser lançada.

Walter Filho, que é promotor de Justiça Titular da 9a Promotoria da Fazenda Pública de Fortaleza, esteve em Milão em 2009 para vasculhar os processos contra Battisti e em seu livro mostra a falácia, entre outros, destes argumentos:

Battisti não teve direito de defesa. Falso. Ele optou por fugir da prisão onde estava preso e consequentemente da Justiça, mas foi defendido normalmente por advogados constituídos por ele. A opção de não se apresentar nos julgamentos e de ser julgado à revelia foi dele e de mais ninguém. Seu direito de defesa nunca foi cerceado.

Ele foi condenado apenas com base nas acusações de Pietro Mutti, líder da organização Proletários Armados para o Comunismo, no contexto de uma delação premiada. Falso. Ainda que a delação premiada seja uma figura jurídica plenamente legal e reconhecida como legítima no contexto jurídico italiano, sobre a qual não cabem contestações, constam dos autos dos processos os depoimentos de várias outras testemunhas, presenciais ou circunstanciais, dos atos criminosos.

Ele foi condenado por dois assassinatos ocorridos com uma diferença mínima de tempo em locais diferentes e distantes entre si, nos quais não poderia estar simultaneamente. Falso. Ele foi condenado por participação direta no homicídio do açougueiro Lido Sabbadin, em Mestre, perto de Veneza, e por participação indireta (ter participado do planejamento da ação) na morte do joalheiro Pierluigi Torregiani, ocorrida quase simultaneamente em Milão, a mais de 100 km. de distância.

Battisti deixou o movimento em junho de 1978 por discordar dos crimes de sangue do grupo. Falso. Em outubro daquele ano foi acusado de participar de um atentado contra o agente de custódia Arturo Nigro e foi preso em junho de 1979 numa célula do PAC onde havia armas e panfletos da organização. Fugiu da prisão em 1981 ajudado por Mutti e outros companheiros do grupo que supostamente teria abandonado.

No livro, o promotor Walter Filho descreve detalhadamente cada um dos quatro casos de assassinato pelos quais Battisti foi condenado - dois diretamente e dois indiretamente - e mostra que a concessão do asilo foi uma violência e uma arbitrariedade jurídica cometida pelo governo brasileiro por razões puramente ideológicas.

Nos anexos, estão, entre outros documentos, os fac-símiles das sentenças da justiça italiana (os processos passaram por 32 juízes, e foram endossados pela justiça francesa e pela Corte Europeia de Direitos Humanos).

O livro é uma leitura indispensável para quem acha que o Brasil foi justo e humanista ao dar asilo a um terrorista e acredita que desmoralizar a Justiça de um país democrático e amigo, com quem mantém um acordo de extradição, seja um ato de soberania.

Na verdade, como o promotor Walter demonstra com rigor, o asilo foi um erro e não passou de um capricho de compadres ideológicos.

---

* Foi repórter, redator e editor do *Jornal da Tarde*, diretor de redação da revista *Afinal*, diretor de Informação da Agência Estado e diretor de Redação de *O Estado de S.Paulo*. É autor do livro *A Ilha Roubada*, (editora Barcarolla) sobre a blogueira cubana Yoani Sanchez.

INTRODUÇÃO

A Itália fica localizada no sul da Europa, na chamada Península Itálica, e é cercada pelos Mares Adriático, Lígure, Tirreno, Jônico e o Mediterrâneo, que banha as Ilhas da Sardenha e Sicília. Faz fronteira ao norte com França, Suíça, Áustria e Eslovênia.

No final dos anos 1960, o País esteve mergulhado numa onda de violências e tentativas de golpes de Estado por parte de extremistas de esquerda e por fascistas.

Em 12 de dezembro de 1969, ocorreram diversos atentados com explosivos, matando várias pessoas, sendo que o da Piazza Fontana em Milão foi um dos mais graves, quando, às 16h37min, uma bomba explodiu na sede do Banco Nacional da Agricultura, causando a morte de dezessete pessoas e ferindo outras oitenta e oito.

Na época, o anarquista Giuseppe Pinelli foi acusado de ser o autor do atentado e ficou preso por três dias. Durante os intensos interrogatórios, teria se jogado do quarto andar da sede da polícia milanesa, segundo a versão oficial, tendo morrido na queda. A opinião pública não aceitou as explicações das autoridades – eram tempos difíceis.

Em 1971, foi fundada, na Itália, a facção terrorista *Brigate Rosse* [Brigadas Vermelhas] a partir dos movimentos estudantis da esquerda católica da Universidade de Trento e de antigos membros das organizações juvenis do PCI – Partido Comunista Italiano.

No ano de 1976, foram realizadas eleições gerais diante de muitos manifestos de ruas. Os crimes graves, como atentados incendiários, agressões físicas e assassinatos, aterrorizavam o dia a dia dos cidadãos comuns e das autoridades. Diante do quadro existente, leis especiais foram criadas para permitir que as autoridades pudessem ter mais poderes nas investigações e combater os movimentos violentos que se alastravam pelo País.

Estas leis foram devidamente aprovadas pelo Parlamento italiano – a Lei Reale foi a mais rigorosa. O Partido Comunista Italiano, depois de se convencer da gravidade da situação, em face dos atos violentos de grupos radicais, mudou de ideia e fez campanha em favor da Lei, embora tenha votado contra a sua aprovação no ano de 1975.

O ambiente era tenso e muitos grupos extremistas queriam tomar o poder a qualquer preço, mesmo que isto resultasse na morte de pessoas e sofrimentos às famílias das vítimas da violência.

O mais famoso deles era o já referido – Brigadas Vermelhas, organização responsável pelo sequestro e assassinato de Aldo Moro, proeminente líder da democracia cristã na Itália. Um dos crimes mais repugnantes da história contra um político. Seu corpo crivado de balas foi encontrado dentro de um veículo Renault, na cidade de Roma, no dia 9 de maio de 1978.

O quadro mudou muito após esse episódio. O Estado italiano resolveu enfrentar a bandidagem, e as autoridades fecharam o cerco contra os grupos radicais.

A Lei Cossiga, assim conhecida por ter nascido da iniciativa de Francesco Cossiga, então Presidente do Conselho de Ministros, e primeiro-ministro por um curto período em 1979, foi promulgada e dilatou o prazo de prisão preventiva autorizada para os delitos de matriz terrorista. Estava na hora de dar um basta em tanta violência. Posteriormente, Cossiga foi presidente da Itália durante os anos de 1985 a 1992.

Foi nesse cenário de instabilidade política que Cesare Battisti, nascido no dia 18 de dezembro de 1954, em Cisterna di Latina (Vila de Sermoneta), na região do Lácio, ainda muito jovem, revelou índole criminosa.

Antes de ser formalmente acusado de estar envolvido nos homicídios de Antonio Santoro, Pierluigi Torregiani, Lino Sabbadin e Andrea Campagna, já era um conhecido da polícia da Itália. Os seus antecedentes criminais foram publicados na imprensa brasileira e também expostos nos meios de comunicação da Itália. As condenações da Justiça de Milão, por igual, fazem referências à sua vida pregressa.

O jornalista Giacomo Amadori, em reportagem que produziu para a Revista italiana *Panorama*, em 13 de fevereiro de 2009, contou detalhes da vida criminosa de Cesare Battisti quando este ainda vivia na sua comuna, tendo entrevistado seus familiares, dentre os quais, o irmão Vincenzo Battisti, então com 68 anos de idade.

Segundo a matéria, o primeiro delito praticado por Battisti ocorreu em 13 de março de 1972, na cidade de Ciampino, na região do Lácio, quando ele e amigos furtaram máquinas da marca Olivetti e dois veículos FIAT. Nesta época, ele contava 17 anos.

Em maio de 1974, convenceu duas jovens de origem calabresa, uma de 16 anos e outra de 13, a segui-lo em uma viagem de trem. Terminaram por chegar à Ilha da Sicília e lá ficaram hospedados em um albergue por quase duas semanas. Por esta ação, foi denunciado pelo rapto de menores e uso de violência na prática de atos libidinosos contra pessoa incapaz. Algumas semanas depois deste fato, agrediu um tio da garota de 13 anos, demonstrando ser uma pessoa de índole violenta desde muito jovem.

Ainda no ano de 1974, precisamente no dia 3 de agosto, esteve na cidade turística de Sabaudia, região costeira do Lácio, na companhia de dois conterrâneos de nomes Claudio e Luciano. Na areia da praia, fizeram várias manobras radicais em um veículo Giulia 1600, com *trombe potenti e carburatori rumorosissimi* [buzinas poderosas e carburadores muito barulhentos], como consta na matéria.

Não satisfeitos com as arruaças, resolveram assaltar com uso de armas de fogo a casa do dentista romano Giuseppe Cerquetti que passava férias no balneário. Acionada, a polícia conseguiu prender os três em flagrante delito. Após este crime, Battisti foi levado primeiramente para a prisão de

Spoleto, na região da Úmbria e, depois, foi transferido para o cárcere romano de Rebibbia, onde ficou até o dia 20 de fevereiro de 1976, quando ganhou a liberdade.

No mês de maio de 1976, foi obrigado a prestar o serviço militar, sendo enviado para Casale Monferrato, na Província de Alessandria, na região do Piemonte, no norte da Itália. Cesare Battisti fez de tudo para ser dispensado, tendo inventado doenças, chegando ao ponto de ser examinado em um hospital psiquiátrico de Turim, onde foi constatado que era apto e foi obrigado ao alistamento. Da cidade de Turim foi transferido para o grupo de artilharia de Udine.

No começo do ano de 1977, foi novamente enviado para o cárcere por decisão judicial em face dos crimes comuns praticados antes do serviço militar. Levado para a prisão distrital de Udine, lá conheceu o revolucionário Arrigo Cavallina, de quem se tornou amigo.

A interação com o Presidiário – parceiro nos atos violentos contra a ordem democrática do Estado italiano e nos crimes de sangue – é sutilmente revelada pelo próprio Battisti em sua obra *Minha Fuga Sem Fim*[1], publicada no Brasil pela editora Martins Fontes, no ano de 2007, quando disse ter conhecido no presídio de Udine, no ano de 1977, um militante que falava outra linguagem. Depois de ser preso no Brasil, enviou carta aos ministros do Supremo Tribunal Federal, revelando o nome do companheiro de cela: Arrigo Cavallina.

---

[1] A partir de agora, iremos referir a obra apenas pelo título.

O ativista Cavallina escreveu um livro autobiográfico sobre sua vida clandestina e seu período na cadeia, mas pouco falou de Battisti, apenas comentou o encontro na prisão. Na entrevista que concedeu ao site italiano *www.liberespressioni.com,* disse que se sente responsável de alguma forma pelos atos subsequentes praticados por Battisti:

> [O ex-chefe de Battisti: "Vou explicar quem é". Cavallina do cárcere escreve: sou inocente. Sobre Battisti não tenho nada para dizer. Ele carregava consigo o remorso que descreveu muito bem naquelas 162 palavras. Sinto uma especial corresponsabilidade. O conheci no ano de 1977 no cárcere de Udine, tinha vontade de sair de sua condição e de encontrar significados mais profundos. Para sua desgraça acreditou encontrá-los na minha amizade e nos meus rumos políticos] (CAVALLINA, 2009).[2]

Hoje, Cavallina vive na cidade italiana de Verona e é casado com uma farmacêutica. Tornou-se um religioso e vai à missa regularmente, participando da comunhão.

Após este contato com Cavallina e depois de ganhar a liberdade, em maio de 1977, Cesare Battisti foi transferido para completar o serviço militar no distrito de Latina, onde mais uma vez se recusou a cumprir as ordens militares. Foi acusado de espancar um suboficial e terminou preso em 9 de junho daquele ano no Forte Boccea de Roma.

Depois de mais uma vez em liberdade, voltou para casa em Sermoneta e, segundo relata em sua obra já referida,

---

[2] Todas as traduções foram feitas pelo autor.

encontrou um ambiente depressivo – seus amigos estavam usando drogas, a antiga namorada estava na clandestinidade e outros companheiros tinham sido presos.

Ainda no ano de 1977, fugiu para não ser preso novamente em face de seus processos criminais, e foi ao encontro do amigo Arrigo Cavallina na cidade de Verona. É o próprio irmão Vincenzo que declara isto na entrevista para a Revista *Panorama*:

> Se non fosse dovuto scappare, non avrebbe mai intrapeso la lotta armata. [Se ele não tivesse de escapar, nunca teria ido a luta armada. (AMADORI, 2009)

Perdão, Vincenzo! Parece que Cesare Battisti nasceu mesmo foi vocacionado para o crime. Na verdade, a região do Lácio livrou-se de ações mais graves com a fuga do então jovem delinquente. Eis, portanto, uma parte da trajetória do fugitivo Battisti antes de se aliar ao grupo *Proletari Armati per il Comunismo* (PAC)[Proletários Armados para o Comunismo][3]– bando armado que aterrorizou a região norte da Itália nos anos finais da década de 1970.

A presente obra não é um libelo acusatório, mesmo porque o julgamento já foi feito nas cortes judiciais de Milão.

---

[3] A partir de agora, faremos referência ao grupo armado apenas como PAC.

http://pt.wikipedia.org/wiki/Aldo_Moro#mediaviewer/File:Aldo_Moro_br.jpg

Aldo Moro - Líder da Democracia Cristã, vítima do terror

A FUGA

O nacional italiano Cesare Battisti, militante do bando armado PAC, foi preso em flagrante delito no dia 26 de junho de 1979, na cidade de Milão, quando estava amotinado em um núcleo terrorista, ladeado de outros companheiros, localizado na Via Castelfidardo, nº 10. Na ocasião da captura dos ativistas, foram apreendidas armas de fogo.

Posteriormente, Battisti foi levado para o Presídio de Frosinone, na região do Lácio, onde ficou encarcerado até o dia 4 de outubro de 1981, quando fugiu com a colaboração de seus companheiros de luta. A estratégia de escape foi preparada e executada pelos seus fiéis comparsas de crimes, tendo sido a ação liderada pelo então amigo Pietro Mutti, que era tido como um dos líderes do bando.

Depois de escapar da prisão italiana, chegou ao território francês ainda no ano de 1981 e, pouco tempo depois, foi para o México em 1982, onde viveu clandestinamente durante oito anos. Retornou para a França em 1990 e lá viveu durante quase quatorze anos, dos quais apenas cinco por tolerância da então "Doutrina Mitterrand", que consistia em albergar no território francês ex-revolucionários de esquerda, na maioria fugitivos da Itália, desde que renunciaseem à luta armada.

A "Doutrina" foi declarada válida a partir de 21 de abril de 1985, no 65° Congresso da *Ligue des Droits de l'Homme*. O ex-presidente francês, François Mitterrand, cujos mandatos ocorreram entre os anos de 1981 a 1995, fez uma ressalva: os que fossem culpados pela prática de crimes de sangue não poderiam contar com a proteção estatal. Cesare Battisti já estava condenado por delitos de morte no seu país de origem. Existia na Itália a sentença criminal datada de 13 de dezembro de 1988, e ele foi apenado por estar envolvido na prática de homicídios. A decisão judicial foi da 1ª Corte de Milão.

Aqui cabe uma reflexão. Se a tolerância começou em 1985, por que ele só voltou para a França em 1990? Seus protetores trabalhavam nos bastidores para que um condenado por crimes de sangue entrasse no território francês? Não se sabe o que ocorreu. Deduz-se que existiu tolerância de autoridades locais para que ele ingressasse no solo parisiense e desfrutasse de noitadas entre companheiros e intelectuais que gostavam dos salões do poder – mesmo com a ressalva para quem tinha envolvimento em homicídio.

Em Paris, passou a escrever romances policiais e trabalhava como zelador em um condomínio. Finalmente, no ano de 2004, foi concedida a sua extradição definitiva para a Itália pela Justiça francesa. Isso, após uma intensa disputa judicial, na qual os advogados de defesa usaram todos os meios legais para impedir a concessão da extradição.

O próprio fugitivo declarou que foi assistido por advogados em Paris, quando esteve detido no presídio de *La Santé*, antes do julgamento da extradição, e que confiava no sucesso de seu pedido de permanência. Esta informação está no livro *Minha Fuga Sem Fim*:

> Nos dias seguintes, comuniquei minha preocupação aos meus advogados. Eles me respondiam com um sorriso, então me falavam sobre a próxima manifestação em volta da Santé, ou o engajamento de tal celebridade na minha causa.
>
> - Você não tem o que temer – repetiam meus advogados.
>
> - Vai ser solto dentro de alguns dias (BATTISTI, 2007, p. 104).

Na sua visão, não era possível alterar a situação de tolerância e houve, segundo ele, uma quebra do compromisso assumido pela França; ressaltando, no entanto, que a traição sofrida foi fruto da força política de Jacques Chirac. A "palavra" do Estado francês de permanência informal foi trocada por favores com os italianos, o que não é verdade, como está comprovado no último capítulo deste livro.

Quando estava sob vigilância das autoridades francesas, depois de ter sido liberado da prisão – aguardando o decreto oficial de extradição – Cesare Battisti decidiu fugir mais uma vez. Partiu do território francês no dia 17 de agosto de 2004, deixando para trás tudo que havia construído ao longo dos anos que lá viveu, principalmente, suas duas filhas que ficaram com a mãe e, claro, a cidade que ele amava.

Talvez tenha sido o pior dia de sua vida. Todos os seus projetos e sonhos estavam terminando naquele instante em que embarcou num trem depois de despistar os policiais que o vigiavam. Foram momentos difíceis. Segundo relata em sua obra anteriormente referida, sua alma estava em pedaços, não era possível pensar nas consequências de seu ato de evasão.

Da fuga de Paris, passou por alguns portos e, infelizmente, veio parar no Brasil, talvez acreditando na impunidade, que é lugar-comum nesta terra. Finalmente, foi preso pela Polícia Federal por uso de passaporte falso, em pleno calçadão de Copacabana, no dia 18 de março de 2007, no Estado do Rio de Janeiro.

Vale dizer: Cesare Battisti já ingressou no nosso País cometendo um crime – uso de documento falso, sendo condenado pela Justiça Federal do Rio de Janeiro. O Tribunal Regional Federal (TRF), da 2ª Região, confirmou a condenação por uso de passaporte falso, portanto, Battisti é condenado em duas instâncias da Justiça brasileira.

No Brasil, depois de preso, recebeu apoio de alguns brasileiros, principalmente, de militantes políticos, e, especialmente, do jurista Dalmo de Abreu Dallari, que, por meio da imprensa, publicou artigo defendendo o ato de concessão do refúgio político.

Integrantes de movimentos políticos fizeram vários manifestos de defesa pela permanência de Cesare Battisti em território brasileiro. A escritora francesa Fred Vargas, uma das mais fervorosas defensoras do fugitivo, por meio de entrevistas e documentos que elaborou, colocou sob suspeita todas as decisões judiciais da Itália, bem como da Justiça francesa e da Corte Internacional de Direito Humanos. O senador da República do Brasil, Eduardo Matarazzo Suplicy, chancelou todas as dúvidas levantadas pela Francesa e passou a defendê-lo.

Cesare Battisti sempre fugiu das acusações assacadas contra ele, nunca enfrentou seus acusadores. Até quando se aguenta uma vida de fugitivo? Chega um momento em que não dá mais para suportar e é preciso dar um basta.

Talvez ele não possa parar. Terá que fugir sempre, principalmente dos demônios interiores que ele, com certeza, carrega. Não é possível a um homem, cuja vida foi marcada por um rosário de crimes, pelas noites intermináveis entre as muralhas da solidão, conseguir dormir o sono dos justos e caminhar entre todos sem medo da própria sombra.

É impressionante a veemência de seus defensores e, diante da publicidade de alguns manifestos, fazendo-se uma comparação com os dados oficiais, percebe-se que o viés ideológico imperou nos argumentos de defesa. Isto incomoda profundamente.

As sólidas decisões judiciais italianas foram atacadas de forma rasteira e sem nenhum fundamento. Informações dissociadas das verdades fáticas foram expostas na imprensa por juristas para desacreditar o que foi processualmente apurado pelo Judiciário de uma República democrática.

É desolador olhar a passividade de muitas autoridades diante dessa situação vexatória. O Brasil é um país que precisa despertar o sentido de cidadania na sua plenitude. É imprescindível combater a violência com a qual nos acostumamos a conviver pacificamente. Os homicídios no

Brasil alcançam índices estratosféricos e nada, absolutamente nada, é feito para estancar este rio de sangue que corre entre nós.

Não se pode viver recluso entre a liberdade e o medo. Optar pela liberdade é adotar uma posição firme diante das injustiças e da inércia de algumas autoridades – denunciar toda e qualquer violência. Todo este quadro de impunidade é um espelho para que os criminosos continuem a matar, deixando no seio das famílias enlutadas uma dor que não acaba.

Quantos assassinos estão livres da Justiça no Brasil? Nenhum órgão oficial é capaz de precisar este número. São milhares de bandidos soltos. O pior é saber que muitos estão condenados e livres. Todos os dias, pessoas são vítimas da violência incontrolável que ronda todas as famílias. "Há perigo na esquina".

Os erros do passado não podem se repetir. Tempos atrás, albergou-se em nosso país o ditador Alfredo Stroessner, que ficou perseguindo opositores no Paraguai durante 34 anos e era processado por crimes contra a humanidade.

Outro italiano que encontrou proteção foi Achille Lollo. Ele foi condenado na Itália por ter jogado gasolina e incendiado o pequeno apartamento onde morava uma família romana. O crudelíssimo ato resultou na morte de dois filhos de Marco Mattei, então membro do Movimento Sociale Italiano, partido de extrema direita.

O episódio ficou conhecido como *Incêndio di Primavalle*, porque ocorreu na via Bernardo da Bibbiena, nº 6, próximo à praça *Primavalle*. A noite do horror aconteceu em 16 de abril de 1973. Stefano, 10 anos, e Virgilio, 22, não conseguiram sair do local e foram atingidos pelo fogo. O pai, a mãe e outros quatro filhos conseguiram escapar.

A justiça italiana, em instância final, no dia 13 de outubro de 1987, julgou e considerou Lollo culpado pelos seguintes crimes: duplo homicídio culposo, incêndio doloso, uso de explosivo e material incendiário. Foi apenado a 18 anos de prisão. Fugiu primeiramente para Angola e depois veio para o Brasil. Aqui viveu quase duas décadas no estado do Rio de Janeiro. Um assassino disfarçado e protegido por políticos de ideologia esquerdista.

Muitos criminosos de guerra fugiram para o Brasil, aqui ficaram desfrutando de nossas belezas naturais e nunca foram incomodados.

http://it.wikipedia.org/wiki/Cesare_Battisti_(1954)

Cesare Battisti (no centro) — sob vigilância do Estado italiano na Corte Judicial de Milão.

PAC
UM BANDO ARMADO

O grupo radical Proletários Armados pelo Comunismo (PAC) foi idealizado, em 1976, por jovens que viviam na região norte da Itália. Segundo relatos da Justiça italiana, a finalidade das ações do bando era desestabilizar o governo de então, uma vez que, na óptica dos extremistas, era um regime fascista.

Nessa época dos acontecimentos, Giulio Andreotti, do Partido Democrata Cristão, era o primeiro-ministro (1976/1979). O Democrata fez uma composição política com o Partido Comunista Italiano (PCI), liderado por Enrico Berlinguer, no ano de 1978, para obter maioria no Parlamento, portanto, nada de fascismo existia na República da Itália, naquele período dos episódios.

O jornalista Pedro Del Picchia foi correspondente da Folha de São Paulo em Roma, entre os anos de 1978 e 1981, e, falando sobre estes fatos, em artigo que foi reproduzido por Wálter Fanganiello Maierovitch, no site Terra Magazine, em 13 de fevereiro de 2009, assim se manifestou:

> O grupo Proletários Armados pelo Comunismo entrou em cena na segunda metade dos anos 70, na crista das ações espetaculares das Brigadas. É importante deixar claro que, diferentemente da opinião de alguns

analistas brasileiros, o governo da Itália não era de extrema-direita no final dos anos 70. Provavelmente até havia infiltração de gente de extrema-direita nos serviços secretos italianos. Na ocasião, comentou-se e especulou-se muito sobre isso. Mas o governo, propriamente, era constitucional, democrático, com um Parlamento eleito pelo povo no pleito histórico de 1976, quando o Partido Comunista Italiano quase venceu a Democracia Cristã.

Aliás, o PCI sempre foi contra os grupos terroristas, de esquerda e de direita. Tachava-os de antidemocráticos (PICCHIA, 2009).

O texto acima é um testemunho de quem viveu na efervescência dos fatos. Ele estava na Itália justamente no período em que ocorreram os quatro assassinatos reivindicados pelo grupo PAC, e acrescentou:

O nome do grupo traz a palavra "Armados", o que dá a conotação dos fins criminosos da organização e não de uma luta política de enfrentamento pelos meios toleráveis, mesmo porque a Itália não vivia em um regime de exceção e sim uma democracia. As ações da organização se concentraram mais na cidade de Milão. Realizaram outras empreitadas em urbes encravadas no norte e nordeste italiano, como Udine, Siena, Bergamo, Verona, Mestre e em outras comunas da vizinhança milanesa.

A agremiação era aparentemente dirigida por Pietro Mutti, operário e líder de movimentos sindicais. Ele representava o chamado "grupo histórico", por ter sido um dos fundadores dos PAC, mas não tinha autoridade para dar ordens aos demais subversivos. Claudio Lavazza e Luigi Bergamin eram membros de primeira linha da facção e diretamente ligados a Mutti. Cesare Battisti ingressou no bando armado nos meses finais de 1977, depois de ter feito amizade na prisão de Udine com o ativista Arrigo Cavallina - uma das cabeças pensantes do movimento perturbador.

No curso das ações, foram conseguindo adeptos ligados ao mundo da criminalidade, sobretudo, dos delinquentes Giuseppe Memeo e Gabriele Grimaldi, dupla que atuava no submundo do crime comum na zona sul de Milão.

Outras facções autônomas se juntaram ao grupo PAC, dentre as quais, o Grupo da Barona de Milão, do qual fazia parte Sante Fatone, e a Gangue dos Sardos, cujos líderes eram os irmãos Sebastiano Masala e Marco Masala.

Existiam outros colaboradores e informantes que militavam na seita criminosa, dentre os quais: Roberto Silvi, Roberto Veronesi, Enrica Migliorati, Pasini Gatti, Silvana Marelli, Marco Barbone, Francesca Cavattoni, Adriano Carnelutti, Fiorina Franco, Andrea Morelli, Germano Fontana, Walter Andreatta, Marisa Spina, Maurizio Folini e Brunetta Felice.

Os participantes Diego Giacomini e Paola Filippi atuavam mais na cidade de Verona, já que eram residentes em Pádua, que fica nas proximidades. Esta dupla era ligada a Arrigo Cavallina.

Os militantes referidos responderam a processos criminais que tramitaram na Justiça de Milão, sob diversas acusações, desde roubos, furtos, porte ilegal de armas, lesões corporais, insurreição armada contra o Estado democrático da Itália e por quatro assassinatos, que serão analisados mais adiante em capítulos individualizados.

Alguns receberam os benefícios da Lei Processual Penal italiana e das leis especiais vigentes na época dos fatos. Tudo é muito bem detalhado a partir da página 604 e seguintes da sentença 76/88 da 1ª Corte d'Assise di Milano, datada de 13 de dezembro de 1988.

Foi durante as reuniões da facção armada que Cesare Battisti conheceu em Milão um de seus líderes – o terrorista Pietro Mutti – de quem se tornou mais do que amigo, tendo revelado dados da intimidade com o companheiro na obra *Minha Fuga Sem Fim*, chegando a afirmar que dividiam a mesma cama e a mesma fêmea. Relatou, ainda, que tinha relações sexuais com a mulher de Mutti na frente deste. Aqui já se percebe a falta de lealdade do fugitivo, ao tornar público um fato íntimo, se é que isto realmente acontecia.

A confiança adquirida junto aos chefes do movimento foi se estreitando, e Cesare Battisti passou a ser um dos mais operantes do bando armado, fato que não é de causar espanto, pelo contrário, era o ambiente ideal para exteriorizar sua delinquência - ele carregava antecedentes criminais na bagagem. A partir de então, além dos atos de vandalismo, roubos, lesões corporais, revelou outro lado de sua índole - o gosto por crimes de sangue. Tanto é verdade que, antes de se aliar aos extremistas, não existia contra ele qualquer acusação formal de homicídio.

Antes de abordar as ações homicidas, iniciadas a partir do assassinato de Antonio Santoro em 6 de junho de 1978, serão relatados alguns atos criminosos imputados aos integrantes do grupo PAC, para melhor compreensão da trajetória da organização em que Cesare Battisti vivia infiltrado no final dos anos 1970.

AÇÕES EXECUTADAS – Todos estes delitos estão referidos na Sentença 76/88, prolatada pela 1ª Corte de Milão.

- ◊ Assalto ao correio postal número 5, sito na Via Cesare Abba, na cidade de Verona, acontecido em 14 de abril de 1978. Ação levada a cabo por Cesare Battisti, Luigi Bergamin, Lavazza, Arrigo Cavallina, Enrica Migliorati e Mutti, conforme página 203 e seguintes.

- ◊ Ferimentos graves no médico Giorgio Rossanigo, que trabalhava na casa distrital de Novara, nas proximidades de Milão. Neste crime, a vítima foi alvejada com dois tiros nos membros inferiores, ficando incapacitada para o trabalho por quarenta dias. Um dos autores materiais deste atentado foi Pietro Mutti, evento este ocorrido em 6 de maio de 1978. Imputados: Cesare Battisti, Bergamin, Cavallina, Lavazza, Migliorati, Mutti e Silvi, segundo a página 207 e seguintes.

- ◊ Lesões graves no médico Diego Fava, em 8 de maio de 1978, administrador do departamento "Ticinese" do INAM de Milão, cujos disparos, no total de três, atingiram-lhe as pernas e o deixaram impossibilitado de trabalhar por um prazo de noventa dias. Os tiros foram efetuados por Cesare Battisti e Roberto Silvi por meio de pistolas, sendo que uma delas, de marca Beretta, calibre 7.65, com silenciador artesanal, foi devidamente apreendida pela polícia.

- ◊ Roubo e dano ao Supermercado Rossetto de Verona, situado na Via Rosselli, sucedido no dia 22 de julho de 1978, tendo sido acusados desta ação delituosa os seguintes membros dos PAC: Cesare Battisti, Claudio Lavazza, Enrica Migliorati e Pietro Mutti. Páginas 322 a 325.

- ◊ Roubo e dano ao correio postal n° 7, sito na Piazza Baccanale, ocorrido em Verona, no dia 7 de agosto de 1978, sendo apontados como autores do crime: Battisti, Bergamin, Cavallina, Lavazza, Masala, Migliorati e Mutti. Página 325.

- ◊ Atentado contra o agente de custódia de Verona, Arturo Nigro, episódio acontecido em 24 de outubro de 1978. Delatados: Cesare Battisti, Luigi Bergamin, Arrigo Cavallina, Francesca Cavattoni e Pietro Mutti. Esta ação criminosa está relatada nas páginas 329 a 345.

Além dos crimes ora citados, o grupo foi responsável por outros atos criminosos que estão devidamente elencados nos autos dos processos arquivados na Justiça de Milão. Nota-se que o nome de Battisti só aparece nas ações criminosas no mês de abril de 1978, uma vez que, após os primeiros contatos, ainda no ano de 1977, foi conquistando fidúcia dentro da organização.

Foi com origem nas prisões de vários extremistas e apreensões de armas e documentos, ocorridas na cidade de Milão, durante os meses de junho e julho do ano de 1979, que as investigações dos homicídios perpetrados pelo bando começaram a identificar os responsáveis. Essas prisões representaram o começo do fim da organização.

Um minucioso relatório feito, em 4 de outubro de 1979, pela polícia especializada DIGOS[4] de Milão, foi enviado às autoridades judiciárias sobre crimes com matriz terrorista e imputados ao grupo PAC e, assim, os processos foram iniciados.

Na óptica dos subversores, somente eles possuíam a chave da salvação política. Já a redenção do Estado só seria possível por meio da violência extrema, marcada sobremaneira pelo rastro de sangue que edificaram no caminho que trilharam. Eles desafiaram a ordem pública e, ao mesmo tempo, eliminaram vidas inocentes na busca de algo utópico – tudo sob o impacto de bombas e tiros de armas de fogo.

Seus membros se elegeram (eles próprios) os guardiões do futuro "estado proletário", e, assim, por meio das ações torpes e sanguinárias, conseguiriam se eternizar como mártires libertários.

Os atos terroristas do grupo eram inspirados na ideologia(assassinatos) do grupo alemão *Baader Meinhof*,

---

4 Divisão de Investigações Gerais e Operações Especiais da polícia de Milão

facção criminosa que atuou na então Alemanha Ocidental, no final dos anos 1960 e início da década de 1970.

A seguir, um a um os quatro homicídios que foram consumados e reivindicados pelo bando PAC, que, na verdade, são aqueles que merecem um olhar mais aprofundado; afinal, são os crimes impeditivos da concessão de refúgio político em face de vedação da lei brasileira 9474/97, que regulamentou o Estatuto dos Refugiados. Não é permitida a outorga de refúgio político, por exemplo, a quem perpetra crimes hediondos e atos terroristas, modalidades de delitos pelos quais Cesare Battisti foi devidamente condenado no Poder Judiciário da Itália.

OS CRIMES CONTRA A VIDA

A Justiça italiana julgou e condenou Cesare Battisti por envolvimento em quatro assassinatos e o apenou com prisão perpétua, com isolamento diurno por um prazo de seis meses. Em dois deles, foi acusado de ser o executor; em um terceiro, apontado como um dos mandantes e, em outro, condenado como coautor material.

Foi responsabilizado, também, por ter participado dos ferimentos graves causados nos médicos Giorgio Rossanigo e Diego Fava, como também condenado pelo atentado contra o agente de polícia Arturo Nigro, referidos anteriormente.

Os processos foram unificados e tramitaram na Justiça milanesa. Os demais integrantes do bando também foram condenados, na medida de suas participações, como ao longo dos relatos será mostrado.

Deve-se esclarecer que, antes de ser formalmente acusado do envolvimento nos homicídios, ele foi primeiramente condenado a treze anos e seis meses de prisão por participação em grupo armado com finalidade subversiva; porte ilegal de armas; receptação e crimes contra a fé pública.

Foi considerado culpado de todas as acusações, conforme consta na sentença nº 20/81, datada de 27 de maio de 1981, que tramitou na Justiça de Milão. No processo constavam 21 acusados, e Battisti esteve presente a todos os atos, mesmo porque estava preso, desde o flagrante do dia 26 de junho de 1979 até o dia 4 de outubro de 1981, quando escapou da prisão.

Da condenação imposta aos infratores da lei criminal foi movido recurso pelos advogados de Cesare Battisti e dos demais apenados para a Corte de Apelação. Os juízes confirmaram a decisão apelada em relação a todos os 21 réus. Somente Cesare Battisti teve sua pena reduzida para *12 anos e 10 meses de reclusão, mais 5 meses de arresto*, para ser fiel ao que está escrito, tudo conforme sentença 33/83, prolatada em 8 de junho de 1983.

Os procedimentos judiciais italianos estão bem delineados no voto do ministro Cezar Peluso, magistrado do Supremo Tribunal Federal do Brasil (STF)[5], quando se manifestou como relator nos autos da extradição requerida pela República da Itália.

Os processos penais tiveram curso regular e a ampla defesa foi garantida a todos os acusados e, nas acusações contra Battisti, exercida pelos seus advogados Gabriele Fuga e Giuseppe Pelazza em toda sua plenitude.

Os recursos manejados e apreciados pelas Cortes Judiciais de Milão constituem uma prova disso, portanto, não há o que se falar em cerceamento de defesa, como alegam seus simpatizantes. Aliás, as afirmações alardeadas pelos defensores, de que os mandatos procuratórios não eram autênticos, não encontraram ressonância no Judiciário

---

5 Por vezes nos referiremos ao Supremo Tribunal Federal pela sigla: STF

francês, tampouco junto à Corte Europeia de Direitos Humanos.

O Tribunal de Recurso de Paris deixou isso bem definido quando afirmou que o foragido sempre foi representado por um ou mais advogados, que o informavam do andamento dos processos. O acusado se absteve de comparecer voluntariamente, portanto, a fuga foi uma escolha de Cesare Battisti, daí a razão de ter sido julgado nos crimes de morte à revelia.

No voto do Relator, constata-se que a presumida autenticidade e validade dessas procurações foram confirmadas tanto pela Corte Europeia de Direitos Humanos (fls. 2531-2532 nos autos da extradição), como também pelo Tribunal de Recursos de Paris (fl. 2459, idem):

> Considerando que depreende-se dessas constatações que os processos movidos contra CESARE BATTISTI no ano de 1988, de 1990 e 1993 perante os Tribunais Penais italianos, cuja composição é parecida àquela existente na França, desenrolaram-se, é verdade na ausência do interessado, declarado foragido e em lugar incerto, mas com a intervenção de um ou mais defensores que atuaram nos atos processuais ou que o representam nas audiências;[...] (apud PELUSO, 2009, p. 78).

Ademais, não cabe ao Judiciário brasileiro, por meio de perícia, examinar a autenticidade de documento anexado pelo país que postula a extradição de seus nacionais. A vedação está expressa na lei 6.815/80, no parágrafo 1º do art. 85, e em julgados de nossa Corte maior, que reafirmou o óbice intransponível para exame de documentação original de Estado estrangeiro em demanda de extradição. Vide a extradição n. 524, cujo relator foi o ministro Celso de Mello(STF), publicada no *Diário da Justiça* de 8 de março de 1991.

Ainda, sobre a validade da documentação emanada da República da Itália, o procurador-geral da República do Brasil, Roberto Gurgel, em parecer nos autos da extradição de Cesare Battisti, assim se manifestou:

> Não se vislumbra, portanto, o vício de forma alegado pela defesa do extraditando, inclusive a respeito da autenticidade da tradução, tendo em vista o disposto no art. 80, § 1º da Lei nº 6.815/80, segundo o qual o encaminhamento do pedido por via diplomática confere autenticidade aos documentos (fl. 2320) (apud PELUSO, 2009, p. 58).

Os defensores de Cesare Battisti, no curso da tramitação dos processos na Itália, usaram todos os meios possíveis para inocentar o fugitivo, mas as sólidas decisões judiciais apontaram pela sua culpabilidade nos quatro homicídios.

Transcrevo parte do pronunciamento prolatado pela 1ª Corte de d'Assise di Milano, presidida pelo magistrado Camillo Passerini, *verbis*:

> CESARE BATTISTI
>
> [O Battisti é considerado culpado de todos os quatro homicídios objeto do presente processo, como também dos ferimentos Fava, Rossanigo e Nigro; do tentado sequestro da Baggiani, de numerosos assaltos

e de outros crimes menores, que no que diz respeito a ele não constam prescritos].

Quando prolataram a sentença referida, os magistrados observaram a conduta e a vida pregressa de Cesare Battisti, além do seu envolvimento em inúmeros crimes e a gravidade destes, para não lhe conceder as atenuantes genéricas suscitadas pela defesa.

Ele esteve presente no bando armado. Contribuiu com sua experiência trazida da criminalidade comum. Não hesitou em nenhum momento em consumar os crimes de sangue – alcançou destaque por sua determinação de matar, conforme relatam os autos.

A conduta de Cesare Battisti durante a tramitação dos processos foi decisiva para a Justiça negar-lhe qualquer benefício. Emergem dos autos elementos de prova que atestam a sua frieza na realização dos crimes que lhe foram imputados.

Da pena recebida por ser membro de um grupo armado, o ministro Cezar Peluso, no seu relatório, reproduz uma passagem fazendo referência à postura de Battisti diante do Tribunal italiano, marcado pela arrogância, bem como por ameaças e ofensas à Corte julgadora:

> Importante é salientar que na dosimetria da pena cominada a Battisti, pelo crime mais grave, o da participação a grupo armado do art. 306 do CP italiano, foi condenado a 9 anos, isto é, ao máximo da pena em abstrato prevista, em consideração "do alto nível de sua participação na organização subversiva [...] é aquele que trata, pelos PAC,

os negócios relativos ao armamento do grupo; participa das reuniões de cúpula restritas do grupo em questão". Os juízes da Corte d'Assise de Milão já antecipam, inclusive, que o título de "Partícipe" trazido pelo processo cabe-lhe de maneira muito apertada, tendo em vista sua ficha e seu forte envolvimento na organização. Os juízes destacam, enfim, seu comportamento processual, idêntico ao de Memeo (um dos autores materiais do homicídio do Torregiani), caracterizado pela arrogância, as ameaças e as ofensas à Corte, circunstâncias que provocaram seu afastamento definitivo dos debates. Os outros quatro anos lhe foram aplicados pela continuação delitiva (apud PELUSO, 2009, p. 71).

É bom observar a referência feita, também, ao comportamento do criminoso Giuseppe Memeo, no destaque acima, porque foi este homem quem atirou no joalheiro de Milão e deu fuga a Battisti no homicídio de Andrea Campagna. Um pouco à frente, serão relatados estes dois assassinatos.

Não foi fácil para a Justiça chegar até os autores dos quatro homicídios. Foi percorrida uma longa etapa investigativa, com minuciosos detalhes sobre a participação dos envolvidos. As testemunhas ouvidas, perícias, prisões de suspeitos, interrogatórios, debates durante os julgamentos, tudo, enfim, passou por criteriosa avaliação. Ao final, tudo convergiu para a culpabilidade de Cesare Battisti e seus comparsas.

Antes de descrever os fatos que envolveram os assassinatos, vejamos um trecho da carta, datada de 25 de fevereiro de 2009, que Battisti fez chegar aos ministros do Supremo Tribunal Federal, quando negou sua participação nos crimes de morte: *in verbis*:

> Quero deixar claro a Vossas Excelências o que sei sobre os quatro homicídios pelos quais fui condenado na minha ausência, sob alegações diversas. As acusações foram de que eu teria cometido os assassinatos de Santoro e Campagna, que eu teria sido cúmplice sobre o lugar no caso da morte de Sabbadin, e que teria organizado a ação que matou Torregiani, morto no mesmo dia de Sabbadin. Sabem, os Senhores Ministros, que fui preso em 1979 com outros militantes clandestinos e que fui julgado na Itália durante o primeiro processo dos PAC, onde estava presente. Houve numerosos casos de tortura durante este processo, com suplício da água, mas eu mesmo não fui torturado (BATTISTI, 2009).

Embora negue a sua participação nos homicídios, o suplicante confessa que esteve envolvido nas ações subversivas contra o Estado italiano e, ainda, afirma textualmente que foi preso em 1979, na companhia de outros clandestinos. Chama-se a atenção do leitor para este detalhe, que adiante será vital para desmanchar os factoides defensivos e algumas inverdades postas sobre o tema.

As quatro vítimas assassinadas pelos celerados da organização Proletários Armados pelo Comunismo (PAC), da qual Cesare Battisti não nega ter participado ativamente, foram as seguintes:

- ◊ ANTONIO SANTORO, agente penitenciário de Udine, assassinado no dia 06 de junho de 1978.

- ◊ PIERLUIGI TORREGIANI, joalheiro de Milão, executado em 16 de fevereiro de 1979.

- ◊ LINO SABBADIN, açougueiro da cidade de Mestre, morto em 16 de fevereiro de 1979.

- ◊ ANDREA CAMPAGNA, policial da DIGOS de Milão, eliminado no dia 19 de abril de 1979.

Os quatro homicídios ocorreram entre os anos de 1978 e 1979 e publicamente reivindicados pela facção criminosa PAC. A leitura dos processos da Justiça da Itália autoriza, sem dúvida, a dizer que as vítimas foram assassinadas com frieza e sem piedade, por meio de ações repugnantes e revestidas de extrema vileza. Os crimes de morte foram motivados por vingança, e jamais por ideologia política como querem nos fazer acreditar seus defensores.

O histórico das sentenças revela as razões torpes que motivaram os homicídios. Todas as vítimas foram selecionadas para morrer por serem inimigas do núcleo dirigente da organização criminosa, como bem definiam os infratores: "agentes da contrarrevolução – inimigos do proletariado" e, por este motivo, deveriam ser justiçados, ou melhor, covardemente assassinados. Na verdade, a palavra vingança é a única cabível nas ações homicidas.

No irretocável voto proferido por ocasião do julgamento da extradição nº 1085, realizado no plenário do Supremo Tribunal Federal, em 9 de setembro de 2009, contra o extraditando Cesare Battisti, o ministro Cezar Peluso, em uma peça que ficará nos anais da história judicial do Brasil, assim se manifestou sobre os crimes de morte:

> Os homicídios dolosos, cometidos com premeditação pelo o ora extraditando, não guardam relação próxima nem remota com fins altruístas que caracterizam movimentos políticos voltados a implantação de nova ordem econômica e social. Revelam, antes, puro intuito de vingança pessoal, enquanto praticados contra dois policiais, cujas funções eram exercidas em presídios que abrigavam presos políticos e comuns (i), e dois comerciantes que teriam reagido a anteriores tentativas de assalto a seus estabelecimentos (ii) (PELUSO, 2009, p. 114).

Os fatos narrados nos autos desmentem qualquer tese de crimes políticos. Na verdade, mataram pessoas por vingança, como uma forma, também, de se afirmarem como justiceiros. As vias celeradas usadas pelos malfeitores demonstram o grau de periculosidade do grupo assassino, portanto, não se pode sequer falar em ações com fins políticos, por mais bondade que se tenha.

Todos os eventos relatados a seguir são baseados nos autos das sentenças prolatadas pela Justiça de Milão, como também no voto do ministro Cezar Peluso do Supremo Tribunal Federal.

Procurei manter a fidelidade dos acontecimentos, colocando-os conforme revelaram as provas colhidas.

O autor com a então Ministra da Juventude, Giorgia Meloni, e a vítima sobrevivente Alberto Torregiani, por ocasião da entrega do prêmio Atreju 2011 em Roma

O CASO CESARE BATTISTI | 55

Estação Ferroviária Central de Milão, de onde vários membros da facção armada partiram para praticar crimes em outras cidades da região.

http://www.polizia-penitenziaria.it/notizie.asp?id=2974
https://it.wikipedia.org/wiki/File:Antonio_Santoro_polizia_penitenziaria.jpg

ANTONIO SANTORO
Agente penitenciário de Udine

ANTONIO SANTORO
(A PRIMEIRA MORTE)

Os fatos

O assassinato de Antonio Santoro, chefe dos guardas carcerários da prisão de Udine, região norte da Itália, ocorreu por volta das sete horas e trinta minutos do dia 6 de junho de 1978.

No início da manhã daquele dia, em pleno verão italiano, o agente acabara de deixar sua casa e caminhava a pé pela Rua Spalato para seu trabalho, quando foi alvejado com tiros nas costas, sem poder esboçar qualquer gesto defensivo.

Segundo relatos oficiais, um jovem estava simulando efusões amorosas com uma moça de cabelos ruivos – no processo identificados como sendo Cesare Battisti e Enrica Migliorati – e, quando a vítima passou pelos dois, precisamente no cruzamento da citada rua com a Via Albona, recebeu dois tiros e ao cair no chão foi novamente atingida.

Em seguida, os assassinos entraram em um carro branco onde estavam dois homens, no caso, os comparsas Pietro Mutti e Claudio Lavazza, deixando o palco da infração em alta velocidade na direção da Via Póla.

No mesmo dia, por volta das treze horas, uma patrulha de carabineiros encontrou um veículo marca Simca 1300 abandonado na Via Goito. Este automóvel foi roubado no dia antecedente ao crime, por volta das vinte e três horas, e pertencia a Morano Sebastiano.

Os responsáveis pelo inquérito constataram que a citada viatura estava no lugar referido acima desde cedo da manhã do dia 6 de junho, ou seja, minutos após a execução, os assassinos abandonaram o carro usado para deixar o local do crime.

Relatos da investigação noticiam que, após abandonarem o primeiro veículo, os homicidas usaram outro carro similar, também roubado, para darem continuidade à trajetória de fuga já planejada, uma vez que o crime foi premeditado. Tudo já estava esboçado, como de fato ocorreu.

Nos autos restou provado que, durante o momento da troca dos transportes roubados, os assassinos se desfizeram dos disfarces que estavam usando: o bigode e a barba falsa usada por Battisti, a peruca ruiva de Migliorati e a peruca preta de Lavazza. O segundo carro conduziu os assassinos à estação ferroviária de Udine.

Depois da segunda parada, o grupo abandonou o segundo veículo, um Simca 1000, e utilizou o carro de Claudio Lavazza, um Fiat 127, que tinha sobre o teto um bote de pesca para disfarçar possíveis abordagens policiais. De Udine seguiram até a estação de Palmanova, onde Battisti desceu e seguiu de trem até Milão. Tudo foi deveras calculado na fuga, afinal, tinham acabado de assassinar um policial.

No processo está dito que o atirador levava consigo uma bolsa com armas e os objetos de camuflagem. Pela narrativa dos fatos, nota-se a roupagem profissional dos criminosos no cometimento do crime. Elaboraram um plano quase perfeito para não serem descobertos. Todos os pormenores foram seguidos com rigor pelos assassinos.

O motivo do assassinato, segundo os autos, foi o rigor disciplinar carcerário imposto pelo agente de custódia Santoro ao ativista Arrigo Cavallina, membro do grupo PAC, quando este esteve segregado no cárcere de Udine, no ano de 1977.

Nesta mesma época, Cesare Battisti também esteve preso em Udine e sofreu a rigidez do sistema penitenciário. Este fato é confessado tanto por Cavallina como por Battisti. Consta que o agente Santoro, neste período, chefiava o cárcere, e não prestou o devido auxílio a Arrigo Cavallina - que sofreu um acidente (quebrou um braço) no interior do presídio, e isso levou o encarcerado a odiá-lo por tal negligência.

A decisão do assassinato envolveu várias discussões no grupo e, para selarem o pacto maldito, efetuaram reuniões nos domicílios de Pietro Mutti e Luigi Bergamin na cidade de Milão.

A ordem final da execução foi emitida em um encontro entre Arrigo Cavallina e Luigi Bergamin, aproximadamente dez dias antes do crime. Esta trama aconteceu na casa de Cavallina em Verona, nordeste da Itália.

Posteriormente, o próprio Arrigo Cavallina confessou na Justiça que acertou com Battisti para que a ação fosse homicida e não meros ferimentos, como os praticados contra os médicos Giorgio Rossanigo e Diego Fava, no que foi plenamente pactuado pelos dois, já que guardavam intenso rancor do agente Antonio Santoro.

Todos estes acontecimentos foram esclarecidos com a detenção de Pietro Mutti no início do ano de 1982. Primeiramente, ele fez colocações vagas e imprecisas perante o Ministério Público de Roma. Diante deste mesmo órgão, no entanto, em 28 de janeiro de 1982, resolveu colaborar com a Justiça italiana e assumiu a participação no homicídio de Santoro.

Em face de sua colaboração, recebeu em troca o benefício da delação premiada. Este benefício não isentava o réu de culpa quando confesso, entretanto, possibilitava uma redução no cumprimento da pena, o que de fato ocorreu com Mutti, que passou oito anos na cadeia, depois de ser devidamente condenado por suas ações criminosas.

Ouvido no dia 8 de fevereiro de 1982, já perante o Juiz de Instrução de Milão, Mutti pormenorizou todas as etapas do assassinato de Santoro, com riqueza de detalhes. É impressionante como suas palavras encontram ressonância na reconstrução do episódio sangrento, tanto nos depoimentos de testemunhas como nos relatos periciais.

Nesta fase judicial, falou da arma, uma pistola Glisenti, usada por Cesare Battisti para a prática do crime; das reuniões preparatórias feitas em sua casa e na de Bergamin. Relatou as inspeções feitas na cidade de Udine, para verificar os lugares e os caminhos de fuga. Informou que partiu da cidade de Milão três dias antes do crime, na companhia de Enrica Migliorati e Claudio Lavazza, em um Fiat 127 de propriedade do último.

Revelou, ainda, que pernoitaram no campo-base instalado em uma tenda nas proximidades de Grado, na região de Friuli-Venezia Giulia, onde fica a cidade de Udine. Disse que Cesare Battisti chegou depois ao local, trazendo consigo as armas e o material para disfarce (duas pistolas Glisenti, uma 7,65 e outra 10,20; um revólver calibre 22; barbas postiças e perucas).

Confessou, também, o roubo dos dois veículos de marca Simca, um 1000 e outro 1300, conjuntamente com todos os envolvidos no plano criminoso e, por fim, revelou o *modus operandi* da tocaia final. Neste aspecto, na perícia feita nos carros que foram roubados, existe consonância com as descrições feitas por Mutti, no que diz respeito aos grampos usados para a partida, a data do furto e as violações feitas nas instalações elétricas e nas fechaduras.

Disse que ficou no automóvel juntamente com Lavazza, enquanto Battisti e Migliorati ficaram esperando a passagem da vítima. Os dois simulavam um namoro, cedo da manhã, o que chamou a atenção das pessoas que estavam próximas. Quase todas as testemunhas ouvidas em juízo fizeram referência ao casal de namorados e descreveram os traços físicos, além de noticiarem a existência de duas outras pessoas no interior de um veículo que estava estacionado próximo.

A encenação amorosa de Battisti e Migliorati também é referida pelo companheiro Alessandro Berzacola, o qual, por repetidas vezes deu hospitalidade a membros do grupo na sua casa sito em Cisano di Bardolino, ele que também era partícipe do bando criminoso.

Um detalhe chamou a atenção dos investigadores. Por ocasião da perícia no local do crime, foi encontrado um brinco feminino onde os dois jovens estavam se abraçando. O comportamento da dupla despistou qualquer suspeita da vítima, que passou ao lado tranquilamente, sem jamais imaginar que naquele dia e hora seria executada com disparos de arma de fogo.

As revelações de Pietro Mutti tiveram ressonância na voz das testemunhas, nas provas técnicas, conforme se lê na página 243 da sentença 76/88 da 1ª Corte de Milão. Suas informações foram confrontadas com outras trazidas aos autos durante o curso do processo e encontraram confirmação nas declarações de numerosos acusados. Elas não ficaram soltas.

A ex-namorada de Battisti, Maria Cecilia Barbetta, também participante do grupo e coautora em outros crimes menores, depondo em juízo, disse que Cesare Battisti falou do assassinato do policial Santoro, revelando entusiasmo pela ação. Segundo Barbetta, ele teria dito o seguinte sobre o crime:

Quale effetto fa vedere uscire Il sangue. [Que efeito ver o sangue escorrendo].

Também a ela confessou a autoria material do homicídio. O fragmento abaixo da sentença criminal da Justiça de Milão confirma esta afirmação sobre a morte de Antonio Santoro:
> [Em 12.5.1982, a Barbetta disse ao Juiz de Instrução de Verona, que tinha ouvido falar de Battisti, na primavera de 1979, que ele e a Migliorati eram os

autores materiais do homicídio Santoro] (cart.9, vol.1, fasc. 1, pag. 303).

As revelações de Barbetta foram ratificadas pelo arrependido Massimo Tirelli, que era membro do grupo e resolveu abandoná-lo depois do atentado contra o agente de custódia Arturo Nigro, fato acontecido no dia 24 de outubro de 1978, na cidade de Verona. Foi Tirelli o motorista do carro que deu fuga a Mutti e Battisti, responsáveis pelos tiros contra o policial Nigro.

Aliás, Cecilia Barbetta foi ouvida antes pelo Ministério Público de Verona, no dia 17 de fevereiro de 1982, quando pela primeira vez falou da sigla PAC e citou os nomes de Luigi Bergamin, Cesare Battisti, Pietro Mutti, Claudio Lavazza e Arrigo Cavallina como os mais destacados membros da organização. Neste ato, confessou ter participado juntamente com Francesca Cavattoni da identificação do policial Arturo Nigro. Perante o juiz de instrução de Verona, ratificou tudo o que dissera, conforme depoimento prestado em 12 de maio de 1982.

Os depoimentos de Barbetta foram esclarecedores na visão da Justiça. Ela conhecia os membros da organização e era próxima de Arrigo Cavallina - um dos mais importantes líderes dos PAC. Ela confessou, ainda, em 30 de abril de 1982, ao Ministério Público, que seu apartamento veronese era usado como base de apoio por Cesare Battisti para se esconder após os crimes praticados.

Massimo Tirelli disse que, antes do homicídio de Santoro, quando esteve em Verona, ouviu Cesare Battisti falar, numa entonação muito séria, sobre uma ação a ser realizada na cidade de Udine, mas não conseguiu ouvir os detalhes da operação.

Tanto Barbetta como Tirelli eram militantes ativos e resolveram juntar-se ao grupo. Eles são oriundos dos movimentos estudantis nascidos em Verona no ano de 1968. Era nesta cidade que residia Cavallina, onde ela conheceu, no ano de 1977, o delinquente Diego Giacomini e sua namorada Paola Filippi, que, ao lado de Cesare Battisti, foram responsabilizados pela morte do açougueiro Lino Sabbadin, na cidade de Mestre – o que mais adiante será abordado.

Barbetta falou de momentos vividos com membros da facção criminosa, tendo feito referência a um feriado que passou na Ilha da Sardenha, na localidade de Dorgali, na companhia de Cavallina, Francesca Cavattoni, Lavazza, Bergamin, Sonia Migliorati, Battisti, Lanciotto Saltamerenda e sua namorada Marisa Spina.

Narrou um encontro ocorrido nas montanhas de Verona, no lugar chamado Valdittra, onde Arrigo Cavallina a fotografou junto com Marisa Spina – fotografia juntada aos autos do processo.

Disse, finalmente, que participou do plano de fuga que resgatou Cesare Battisti da prisão de Frosinone em outubro de 1981. Este fato é confessado documentalmente pelo fugitivo na sua carta enviada ao STF. Ele não nega o auxílio recebido de seus parceiros criminosos.

A ligação de Battisti com o grupo clandestino era umbilical. Ele pactuava com todas as atrocidades praticadas. Era financiado pelo dinheiro arrecadado nos assaltos. Namorava

Barbetta e, segundo revelou em seu livro, até mantinha relações sexuais com a mulher de Mutti. Como acreditar que era um mero coadjuvante?! Um simples passante?!

Para os magistrados italianos, inexiste nos autos dos processos – arquivados em Milão – qualquer elemento que possa desconsiderar as declarações de Barbetta, pelo contrário, são qualificadas como dignas de fé.

Nem mesmo os imputados que, de maneira vaga, contestaram as informações, apresentaram qualquer argumento que diminuísse a confiabilidade dos julgadores nas afirmações de Cecilia, pois estas, quando confrontadas com as asseverações de Tirelli e as confissões de Arrigo Cavallina e Pietro Mutti, guardaram sintonia em minuciosos detalhes. Hoje, ela vive na Itália e é professora universitária.

O grupo PAC reivindicou o assassinato de Antonio Santoro, por meio de um telefonema que fez à agência ANSA de Mestre/Veneza, por volta das treze horas e dez minutos do mesmo dia do crime. Distribuiu panfletos, posteriormente, relativos ao fato nas cidades de Milão e Mestre, dizendo o seguinte:

> Gazzettino – copie del volantino a sigla PAC, dal titolo "Contro i lager di Stato", rivendicanti l'omicidio Santoro." (LA 1ª CORTE D'ASSISE DI MILANO. Sentenza 76/88, p. 225).

> [Gazzettino - cópias do panfleto com a sigla PAC, com título "Contra os campos de Estado", reivindicando o homicídio Santoro].

Três meses depois do crime, Arrigo Cavallina publicou um livro intitulado *Lager Speciale di Stato* [Campos de Concentração do Estado], condenando com veemência o sistema carcerário da prisão de Udine, que descreveu como sendo de: *certa efficienza nazista nell'organizzazione* [certa eficiência nazista na organização].

Foi um gesto audacioso de um homicida que agiu por sentimento mesquinho de vingança, já que não esqueceu a rigidez disciplinar que viveu no cárcere de Udine, sob o comando de Antonio Santoro.

Este assassinato, depois de consumado, foi objeto de um debate entre os membros do grupo, cuja reunião foi confessada por Cesare Battisti e marco de sua despedida das atividades criminosas, pois disse que não pactuava com o crime. Em capítulo específico, serão abordadas as imprecisões e inverdades sobre esta despedida do grupo, que nunca aconteceu.

O episódio sangrento foi, na mente doentia dos militantes, o "teste de fogo" do bando armado, o primeiro atentado que resultou na morte de um ser humano. A ação, por sua gravidade e repercussão, marcou o chamado "salto de qualidade" na vida dos terroristas, que praticavam crimes motivados por vingança e não ações políticas.

Para a Justiça da Itália, neste homicídio, acontecido naquela manhã de junho de 1978, a vítima Antonio Santoro foi assassinada com tiros nas costas e pelas costas.

A acusação descreveu a ação de cada um dos envolvidos:

> [em Milão, os outros agindo concretamente, provocando voluntariamente a morte do comandante dos guardas carcerários Antonio Santoro, contra o

qual o Battisti, enquanto a Migliorati, o Mutti e o Lavazza realizaram a tarefa de apoio e cobertura, explodia alguns tiros de pistola, em número não inferior a três, atingindo o tronco e a cabeça].

Na reconstrução dos fatos feita por Mutti, ele apontou Lavazza como presente em toda a ação preparatória e executória. Nos autos, existe prova documental de que Claudio Lavazza esteve ausente de seu trabalho diário, precisamente entre os dias 3 e 7 de junho de 1978.

Antonio Santoro foi assassinado no dia 6 de junho do mesmo ano, o que revela a robustez de suas declarações. Esta prova foi adquirida pela polícia no processo investigativo.

Como já citado, tudo trilhou um longo caminho jurídico, nada foi feito de afogadilho ou por ouvir dizer. De todos os membros do grupo PAC, somente Cavallina e Battisti conheciam pessoalmente Antonio Santoro, uma vez que estiveram presos em Udine. Qual outro motivo podia existir para a eliminação do policial? Nenhum. Somente o ódio que ambos sentiam do agente carcerário pelas razões já expostas.

Os membros do grupo PAC, que se diziam protetores dos proletários, saíram de Milão, para matar um homem que morava em Udine, distante 400 km. Um ato de vingança pessoal de Cavallina e Battisti, devidamente pactuado pelos demais subversivos.

Cesare Battisti, Enrica Migliorati, Claudio Lavazza e Pietro Mutti, como noticiam os autos, estiveram diretamente envolvidos na ação criminosa e presentes no local e hora em que a vítima Antonio Santoro foi traiçoeiramente abatida. Arrigo Cavallina foi um dos articuladores do homicídio.

As confissões em juízo de Cavallina, Pietro Mutti e Sebastiano Masala são concordantes com os fatos apurados. Mutti confessou que dirigiu o primeiro veículo da fuga do local onde o assassino Battisti esperou o agente carcerário, no caso, o Simca 1300 roubado.

A perícia balística confirmou que os projéteis retirados do corpo da vítima eram de calibre semelhante ao da arma referida por Pietro Mutti durante seus interrogatórios prestados diante dos juízes milaneses.

O assassinato de Santoro em 6 de junho de 1978, ocorreu 28 dias depois da morte de Aldo Moro pelas Brigadas Vermelhas. Existe entre estas duas execuções uma particularidade – ambas ocorreram numa terça-feira. Coincidência? Simbologia? O bando PAC, enfim, conseguiu realizar seu grande sonho: tornar-se tão temido quanto os demais grupos terroristas que atuavam na Itália nos anos 1970. Foi o batismo de sangue de seus desalmados delinquentes.

Pubblico dominio,
https://it.wikipedia.org/wiki/Anni_di_piombo#/media/File:Via_Fani_Roma,_16_marzo_1978.jpg

Emboscada na via Fani, na qual perderam a vida cinco membros da escolta do lider político Aldo Moro (16 de março de 1978), que foi sequestrado e assassinado posteriormente no dia 9 de maio de 1978.

PIERLUIGI TORREGIANI
Joalheiro de Milão

PIERLUIGI TORREGIANI
(A SEGUNDA EXECUÇÃO)

Os fatos

Pierluigi Torregiani era comerciante do ramo de joias. Ele foi assassinado em uma emboscada, no dia 16 de fevereiro de 1979, na cidade de Milão, por volta das quinze horas.

O joalheiro caminhava para sua loja situada na Rua Mercantini, ladeado de dois filhos menores, quando foi surpreendido por disparos de arma de fogo.

Nesta cena sangrenta, as provas revelaram que os bandidos Sante Fatone e Sebastiano Masala deram o devido apoio e cobertura para que os autores materiais, Giuseppe Memeo, coadjuvado por Gabriele Grimaldi, executassem a vítima.

O ourives estava armado e usava um colete à prova de balas. No momento em que recebeu os tiros disparados em direção ao tórax, o protetor amorteceu os impactos, o que lhe possibilitou tentar reagir à agressão. Infelizmente, atingido nos membros inferiores, só conseguiu efetuar um tiro contra seus algozes. Em seguida, uma bala atingiu-lhe a cabeça, causando-lhe a morte.

Um dos filhos da vítima, Alberto Torregiani, foi alvejado e ficou paraplégico. O tiro que acertou o pequeno Torregiani saiu da arma do próprio pai – seu único disparo na tentativa de salvar sua vida e proteger seus filhos pequenos Alberto e Marisa.

Após os tiros, os dois assassinos entraram em um Opala que estava parado próximo e saíram em velocidade. Uma das testemunhas passava no local dirigindo seu automóvel nos momentos finais do episódio. Diante do que viu, acelerou e seguiu o itinerário do carro em fuga; tendo um pouco adiante visto três homens saindo do veículo Opala (roubado), para em seguida entrarem em um Renault, cuja placa foi devidamente anotada.

A ação da testemunha foi fundamental para a identificação dos atiradores, pois o Renault estava registrado em nome de Sante Fatone, um delinquente ligado ao grupo subversivo Coletivo Autônomo do bairro da Barona em Milão.

No mesmo dia, a polícia localizou o endereço de Fatone, e saiu a sua procura. No dia seguinte ao crime, foi ouvida Anna Maria, irmã de Sante Fatone, tendo esta afirmado que na noite anterior, quando retornou para casa, viu seu irmão muito nervoso; cortando o cabelo, tirando barba e o bigode. Naquela mesma noite, o procurado Fatone deixou sua casa e foi para a residência de uma amiga chamada Annia Casagrande, onde encontrou os amigos Pietro Mutti e Sebastiano Masala.

Dois dias após o crime, o atirador Giuseppe Memeo e seu comparsa Gabriele Grimaldi procuraram um lugar para se esconder e foram hospedados por um colaborador do grupo, Walter Andreatta, que era filho de um policial e por este motivo sua casa era considerada um lugar seguro.

O próprio Andreatta, em declarações prestadas durante a instrução processual, confirmou o abrigo que deu aos assassinos e disse que estes contaram detalhes da operação criminosa que resultou na morte de Torregiani.

A militante política e escritora francesa Fred Vargas, cuja luta em prol de Battisti é notória, esteve no Brasil e conseguiu convencer parlamentares e intelectuais a abraçarem a causa.

Sobre este episódio sangrento, em carta enviada ao Supremo Tribunal Federal do Brasil, assim se posicionou:

> No que diz respeito ao assassinato de Pierluigi Torregiani, os quatro membros do comando foram detidos, e o atirador, identificado: Memeo, junto com Fatone, Masala e Grimaldi. Esse atentado foi organizado no próprio domicílio de Pietro Mutti, o qual declarou ter sido Battisti o organizador. Acusação inverossímil, posto que Battisti nunca foi um dos chefes dos PAC (VARGAS, 2009).

Vale salientar que, neste homicídio, Battisti foi condenado por coautoria intelectual/moral, cuja elaboração, segundo a escritora Vargas, aconteceu na própria casa de Pietro Mutti, um dos líderes do bando de delinquentes. Ressalva, no entanto, a não participação de Battisti e, formalmente, acusa Mutti de ser o organizador do delito. Hoje, fica fácil acusar Mutti de qualquer coisa para limpar a pele de seu protegido.

A ressalva da não participação de Battisti é totalmente descabida – não há um álibi, por menor que seja, que sustente tal argumento. Isto é fruto da imaginação da Francesa. A simples afirmação de que ele não era um dos "chefes" da organização não o isenta do envolvimento no crime do ourives.

Em todos os depoimentos prestados pelos companheiros de Battisti, eles falam da importância que ele representava dentro da organização, sendo conhecido como o "matador do grupo histórico" – expressão usada pelos juízes na sentença condenatória.

O assassinato foi amplamente debatido pelos ativistas em várias reuniões. Consta no processo que Cesare Battisti e Sebastiano Masala sempre foram os mais entusiastas da realização do duplo homicídio: matar o joalheiro de Milão e o açougueiro de Mestre, Lino Sabaddin, executado neste mesmo dia 16 de fevereiro. No capítulo seguinte, será contada esta última morte.

Percebe-se, pelo contido na carta de Vargas, que a todo custo ela quer inocentar Cesare Battisti e, ao mesmo tempo, faz questão de frisar que os demais companheiros citados são culpados, sustentando que o crime foi arquitetado no domicílio de Pietro Mutti. Esqueceu-se, no entanto, de dizer que este era um dos abrigos que Battisti frequentava constantemente, ladeado por uma corja de malfeitores.

Por que Battisti deve ser excluído deste crime devidamente planejado pelo grupo? Ele era membro ativo. Seus antigos comparsas o qualificam como homem importante e operante de primeira linha – importância esta que está insofismavelmente provada por ocasião de sua fuga da penitenciária de Frosinone, sucedida em 4 de outubro de 1981, quando foi resgatado pelo então amigo Pietro Mutti e outros comparsas de crimes, dentre os quais a sua ex-namorada Cecilia Barbetta.

O plano foi, sem dúvida, um gesto de um amigo leal, que não o abandonou no cárcere, o que revela e prova o grau de relevância de Battisti dentro da organização criminosa.

Ele não era somente uma figura sem nenhuma importância, como argumentam a Escritora e outros defensores. Se assim fosse, teria mofado na prisão e nos livrado de um vexame diplomático com um país amigo.

Passados mais de dois anos desde o último assassinato, o do policial Andrea Campagna, ocorrido em 19 de abril de 1979, havia sentença criminal contra vários envolvidos, inclusive, Cesare Battisti. E, mesmo diante da situação de perigo que todos corriam, resolveram libertá-lo.

Esta passagem é relembrada no livro *Minha Fuga Sem Fim,* quando confessa o apoio recebido:

> Veio o 4 de outubro de 1981. Nesse dia, um grupo constituído por um número igual de amigos meus e militantes dos COLP, conduzido pelo próprio Pietro Mutti, tirou-me da prisão sem cometer nenhuma violência física contra o pessoal da vigilância (BATTISTI, 2008, p. 51).

Cesare Battisti não era apenas um mero expectador; era, na verdade, um dos homens do primeiro escalão, que não tinha receio em praticar qualquer ato com uso de violência, marca indelével em seus crimes.

Ele foi um dos envolvidos no bando armado em quase todas as atividades, e trouxe a experiência adquirida na criminalidade comum. Distinguiu-se dos demais comparsas por sua determinação de matar, não hesitando em perpetrar os sangrentos crimes de Antonio Santoro e Andrea Campagna, nos quais foi o atirador, ambos de maneira fria e covarde.

Não conformados com a decisão envolvendo Cesare Battisti no crime de Torregiani, os seus advogados foram bater as portas da *LA Seconda CORTE D'ASSISE D'APPELLO DI MILANO*, que confirmou a decisão questionada, em 31 de março de 1993.

A referida decisão está registrada com o número 24/93, e foi transitada em julgado no dia 10 de abril de 1993, conforme está descrito na página 52, anexa a este livro.

Segundo se lê na peça criminal acusatória, Cesare Battisti teve efetiva participação na condição de idealizador da ação criminosa, ao lado de outros acusados, que resultou na morte de Pierluigi Torregiani, conforme consta nos autos do processo recursal, *in verbis*:

CESARE BATTISTI

(96) [do delito p. e p. dos artigos 110, 112, n.1, 575 Código Penal (já 104) por haver em Milão, no dia 16/2/1979, em concurso com Sisinio Bitti, Marina Premoli e com Sante Fatone, Gabriele Grimaldi, Sebastiano Masala e Giuseppe Memeo (já condenados por este fato como autores materiais do crime, pela 1ª Corte d'Assise di Milano com sentença em data de 27/5/1981) e portanto, com a agravante do número

> de pessoas superior a cinco, participando todos da idealização, da decisão e da sucessiva reivindicação da ação, provocado a morte de Pierluigi TORREGIANI, contra ao qual, enquanto Fatone e o Masala Sebastiano realizavam tarefas de apoio e cobertura, o Memeo e o Grimaldi disparavam vários tiros de arma de fogo, atingindo-o com cinco balas, das quais duas contra os membros inferiores e, sucessivamente (após a reação do ferido) duas ao tórax (protegido por um colete à prova de balas) e o último na cabeça].

Ressalte-se, por oportuno, que esta apelação foi apresentada pelos defensores do acusado, portanto, foram exauridos todos os recursos legais possíveis, o que revela o zelo que a Justiça teve na apreciação de todos os casos.

Ao final, a Corte confirmou a sentença apelada que condenou Cesare Battisti como idealizador do homicídio de Torregiani:

> [A Corte julgando em sede de reenvio da Suprema Corte de Cassação do dia 8-4-91, confirma a sentença apelada contra Cesare Battisti em ordenar o homicídio de Torregiani e o condena às posteriores despesas de justiça, e também ao reembolso das despesas de representação e defesa da parte civil, que liquida num total de trezentos mil liras.
> Absolve Marisa Spina dos crimes a ela atribuídos por não ter cometido o fato.
> Milão, 31 de março de 1993].

Se as provas coletadas serviram de base para a condenação de outros integrantes da facção, por qual motivo são imprestáveis para apenar Battisti? Para Fred Vargas, os membros do grupo são culpados, sobretudo, o idealizador Mutti e o atirador Memeo devidamente identificado, mas "o anjo inocente" preso na célula terrorista de Milão, naquele inesquecível dia 26 de junho de 1979, não teve qualquer participação nas mortes, ou seja, Battisti pegava em armas, mas não matava, ou melhor, apenas assaltava.

As colocações da Romancista são uma ofensa à Justiça italiana, que, depois de examinar o processo em todas as instâncias, entendeu que Battisti, na condição de coautor intelectual, era culpado pelo assassinato de Pierluigi Torregiani.

Em 6 de abril de 1993, foram notificados os apelantes Cesare Battisti e Marisa Spina do teor da decisão da Corte de Apelação com o envio de cópias da sentença. Como não foi proposta nenhuma impugnação, tornou-se irrevogável para ambos, em 10 de abril de 1993.

Em despacho que adormece às fls. 52, a Procuradoria Geral de Milão, por meio da Portaria datada de 30 de maio de 2007, determinou em relação a Cesare Battisti isolamento diurno por seis meses, tendo em vista sua condenação à prisão perpétua.

A questão da prisão perpétua, tão enfatizada pelos defensores, a qual Battisti teria de cumprir, caso voltasse para a Itália, não tem razão de ser. Depois de dez anos de prisão, o condenado já recebe autorização para sair e trabalhar, devendo voltar no período da noite. Com os dias de pena já cumpridos no Brasil e na Itália, o italiano ficaria pouco tempo na prisão em seu país — foi um erro não voltar à sua pátria para prestar contas com a Justiça e sua consciência.

Pubblico dominio,
https://it.wikipedia.org/w/index.php?curid=798951

O assassino condenado Giuseppe Memeo, autor dos disparos que matou o joalheiro Torregiani. Era membro da facção PAC. Esta imagem se tornou um dos símbolos da violência dos Anos de Chumbo. Milão, 14 de maio de 1977.

LINO SABBADIN
Açougueiro da cidade de Mestre

LINO SABBADIN
(O TERCEIRO HOMICÍDIO)

Os fatos

Cesare Battisti foi condenado por ser coautor material da morte do açougueiro Lino Sabbadin, fato ocorrido no dia 16 de fevereiro de 1979, na cidade de Mestre, que fica a nove quilômetros de Veneza, na região do Veneto. A vítima era casada com Amalia Spolaore e pai de três filhos: Adriano, Adriana e Roberta.

Sobre este crime, os autos revelam que dois homens, devidamente disfarçados com barbas e perucas, chegaram, no final da tarde daquele dia, ao estabelecimento comercial de Sabbadin, que ficava localizado em *Caltana di Santa Maria di Sala,* arredores de Mestre. Um deles, após se certificar de que era o homem procurado que estava no local, sacou um revólver e efetuou dois disparos contra a vítima que se encontrava por trás do balcão.

Após receber os tiros, Sabbadin caiu e ficou estendido no piso de seu comércio, no que o assassino se aproximou e atirou mais duas vezes. Os tiros foram executados na frente de testemunhas e da mulher da vítima.

O comerciante ainda foi socorrido, mas chegou morto ao hospital – mais uma vítima do grupo PAC.

As investigações apontaram Cesare Battisti e Diego Giacomini como os autores materiais deste crime. A terceira pessoa que participou desta ação foi Paola Filippi (namorada de Giacomini) – sua colaboração foi ficar esperando os assassinos do lado de fora e dar-lhes fuga no carro.

O veículo usado foi um Passat Volkswagen de cor verde, encontrado abandonado nas proximidades de Padova, um dia depois do crime. Nesta cidade, residiam Diego e Paola. Este carro foi roubado em Mestre um dia antes do fato.

Diego Giacomini e Paola Filippi eram membros operantes e representavam o bando armado na região de Verona. Paola era filiada à organização desde o ano de 1977, dava apoio às ações do grupo, participava de assaltos e escondia integrantes da facção em sua quitinete na cidade de Padova, quando estes estavam fugindo das ações policiais.

Nos autos do processo que apurou essa morte, Diego Giacomini confessou ter atirado no açougueiro. Disse que entrou no comércio ladeado por um companheiro de Milão (no processo identificado como sendo Cesare Battisti) e atirou em Sabbadin, isso após se certificar se era mesmo quem eles procuravam.

Esta confirmação do atirador é reproduzida pelas testemunhas ouvidas, sobretudo pela mulher da vítima, Amalia Spolaore, que estava ao lado do marido quando este foi atingido e pôde ver os assassinos bem próximos. Conforme ela narrou, o atirador era jovem, aparentando 22 ou 23 anos – Giacomini tinha 22 anos.

As características físicas dos dois indivíduos que entraram no comércio da vítima são compatíveis com Giacomini e Battisti, segundo descreveram as testemunhas oculares ouvidas no processo.

No dia desta execução, como na data do assassinato de Antonio Santoro, esta dupla também usava disfarces – barba postiça e perucas, sendo que o homem que atirou era de estatura média, senão inferior à média, constituição ágil e cabelos castanhos-avermelhados.

O cúmplice do matador foi descrito como sendo de estatura mais baixa e de cabelos castanhos loiros, agitados. Sempre é bom lembrar que Cesare Battisti é baixo, medindo por volta de 1,68 de altura. Era muito jovem também, tinha 24 anos.

Registre-se, por oportuno, uma comparação feita pelos magistrados entre os traços físicos do atirador de Antonio Santoro e o comparsa de Giacomini na execução de Sabbadin. As descrições das testemunhas em ambos os processos, quando confrontadas, apresentam semelhanças com Cesare Battisti.

Outro dado relevante na apuração do crime foi o depoimento de Adriano Sabbadin, filho do açougueiro. No dia do triste episódio, ele estava na parte dos fundos do comércio do pai. Quando ouviu os disparos, correu para a parte de cima, onde era a casa da família.

Após cessarem os tiros, aproximou-se da janela e viu três homens deixando o local em um carro que estava parado próximo. O garoto tinha 17 anos na época, estava apavorado diante de tudo aquilo, mas seu depoimento encontra ressonância na reconstrução do assassinato, nas vozes de outras testemunhas e no relatório policial.

Quando disse ter visto três homens, na verdade, eram somente dois, porque a terceira pessoa era Paola Filippi. Ela estava disfarçada com um boné e o cabelo preso; o processo expõe este detalhe do disfarce usado pela namorada de Giacomini. As demais pessoas ouvidas, também, afirmaram ter visto três homens.

Ao descer para a parte de baixo, encontrou o corpo do pai no chão e o avental de sua mãe manchado de sangue. São imagens registradas para sempre na memória de um jovem.

O ativista Luigi Bergamini também foi apontado como sendo um dos idealizadores deste homicídio. O encontro final que decidiu as mortes de Torregiani e Sabbadin foi realizado na sua morada em Milão.

A palavra de Bergamin em juízo sobre a responsabilidade de Battisti neste episódio do assassinato de Sabbadin é citada pelos magistrados italianos:

> [E, ainda, deve-se relembrar que em todas as discussões realizadas por testemunhas presentes no homicídio do açougueiro, o companheiro do atirador é indicado com características somáticas de altura e de corporatura que refletem aquelas do Battisti. Este último, ainda, foi indicado como executor do homicídio também pelo Bergamin, num colóquio realizado em Bolonha com Mutti, na presença de Premoli.
>
> Também **Battisti**, portanto, deve ser declarado culpado de ambos os crimes].

O atirador Diego Giacomini, além de ser responsabilizado pelo assassinato de Lino Sabbadin, foi condenado por participação moral no homicídio de Torregiani. A sentença considerou que seu envolvimento no crime do joalheiro se deu de forma secundária.

A participação pode subsistir mesmo quando a contribuição do acusado não seja determinante para a realização do crime. É aquele que não está diretamente envolvido na ação, mas excita a realização do delito.

Paola Filippi e Giacomini foram presos em flagrante delito no dia 26 de junho de 1979, cinco meses e dez dias depois do crime de Lino Sabbadin, na companhia de Cesare Battisti, quando estavam abrigados na casa sita na Via Castelfidardo, em Milão..

Giacomini confessou na Justiça que estava na cidade milanesa para participar de mais uma ação de autofinanciamento (assalto/roubo) e terminou preso.

Essa dupla era conhecida como *Bonnie & Clyde*, uma alusão aos protagonistas do filme de Arthur Penn, porque, como os vilões da película, tinham realizado numerosos assaltos na Província do Veneto, região nordeste da Itália, onde ficam as cidades de Verona, Padova, Vicenza, Mestre e Veneza, além de outras comunas.

É cristalina a ligação de Cesare Battisti com o executor material do açougueiro e com todo o núcleo operante do grupo. Ele tinha total conhecimento das duas ações homicidas e da simultaneidade de suas realizações.

Intitulou-se porta-voz da Operação Veneto, que consistia em matar Lino Sabbadin. Esta passagem foi confirmada pelos seus companheiros que estavam reunidos na casa de Bergamin, em Milão, dois dias antes da consumação do duplo homicídio – mortes de Torregiani e Sabaddin.

Outro detalhe levado em conta pelos juízes, especialmente relativo à participação de Battisti, foi o timbre de voz: leve inflexão dialetal do sul (*leggera inflessione dialettale meridionale*) mencionado por Luigi Bevilacqua da agência ANSA de Mestre.

Na noite do dia 16 de fevereiro de 1979, mesmo dia dos dois crimes, ele recebeu um telefonema de um jovem com sotaque do sul, reivindicando os homicídios de Lino Sabaddin e Pierluigi Torregiani. A voz de Battisti tinha na época este acento sulista.

Foi Diego Giacomini quem indicou a localidade de Sottomarina de Chioggia, como sendo o esconderijo de armas de fogo do bando. A polícia checou a informação e foram recuperadas inúmeras armas e munições que estavam enterradas no local indicado.

Este arsenal bélico encontrado na localidade referida era fruto de vários assaltos a lojas que vendiam armas de fogo, dentre os quais: roubo e danos na loja de armas de Cadoneghe, em 28 de maio de 1977; rapina na armaria de Via Varè, no dia 1 de fevereiro de 1978, e assalto à armaria *Tuttosport* de Bergamo, cidade próxima a Milão, no dia 24 de janeiro de 1979. Praticamente a cada ano eles assaltavam locais que negociavam armas, para, assim, municiar o bando.

O delinquente Sante Fatone, membro do núcleo dirigente, foi convocado para responder pelo assassinato de

Lino Sabbadin, réu plenamente confesso no homicídio do joalheiro de Milão.

O próprio Fatone admitiu a simultaneidade dos crimes e que *L'operazione Veneta* (morte de Sabaddin) deveria ser levada adiante pelos companheiros Paola, Diego e Cesare Battisti. Confessou, também, em juízo, que a execução de Sabbadin devia ser feita em conexão com a ação que vitimou Torregiani, e que ele esteve envolvido diretamente no crime de Milão.

Embora tenha dito que não participou da última reunião – a do dia 14 – Sante Fatone foi considerado culpado, também, por participação moral no assassinato de Sabbadin, uma vez que o caráter unitário dos projetos homicidas ficou devidamente provado, estando todos os envolvidos conscientes da dupla execução.

Ao final, Fatone recebeu redução de pena em face de atenuante especial, que era prevista na lei italiana 15/1980. Outros acusados foram merecedores do benefício, sobretudo, os que colaboraram com a justiça.

Diego Giacomini recebeu pena de reclusão de vinte e um anos pela morte de Sabbadin; um ano e seis meses pela participação no crime de Torregiani e seis meses por pertencer a um bando armado, sendo, ao final, reduzida para dezoito anos de reclusão em face de atenuantes.

A militante Paola Filippi foi condenada nos dois assassinatos, sendo apenada com um total de vinte e quatro anos de clausura.

Cesare Battisti, em face do envolvimento nos demais assassinatos, pegou prisão perpétua, pesando na aplicação da pena a condenação anterior por insurreição armada contra o Estado democrático italiano – a cujo processo esteve presente em todas as suas etapas, fato devidamente confessado na carta que enviou ao STF.

Pubblico dominio,
https://it.wikipedia.org/w/index.php?curid=5602769
Funeral do joalheiro de Milão, Pierluigi Torregiani

DOIS CRIMES
NO MESMO DIA

O joalheiro de Milão, Pierluigi Torregiani, e o comerciante de Mestre, Lino Sabbadin, foram assassinados no mesmo dia (16 de fevereiro de 1979) e em horários muito próximos, mas em lugares diferentes e distantes. O primeiro foi morto em Milão, por volta das quinze horas; e o segundo, em Mestre, nas adjacências de Veneza, por volta das dezesseis horas e trinta minutos. A distância aproximada entre as duas cidades é de 260 km.

Tal coincidência foi questionada por alguns apressados defensores, uma vez que Battisti foi culpado nos dois delitos. Foi jogada no ar a dúvida sobre a credibilidade das decisões italianas.

Além de coincidir a data fatídica, existe um particular nestas duas ações homicidas a ser observado. Tanto Pierluigi Torregiani como Lino Sabbadin tinham sofrido tentativa de assalto antes de serem executados pelos integrantes dos PAC.

Em 16 de dezembro de 1978, Sabbadin sofreu uma tentativa de roubo no seu estabelecimento comercial sito em *Caltana di Santa Maria di Sala,* na cidade de Mestre e, ao reagir, já que tinha posse legítima de arma, matou o assaltante.

Pierluigi Torregiani estava no restaurante Transatlântico em Milão, precisamente no dia 23 de janeiro de 1979, quando houve uma tentativa de roubo aos frequentadores por um pequeno grupo de delinquentes.

O joalheiro estava armado e houve um tiroteio que resultou na morte de um cliente e de um dos bandidos. O tiro que matou o assaltante saiu da arma de outra pessoa presente e que também revidou o ataque dos criminosos, fazendo uso de sua arma.

O fato teve muita repercussão e, segundo os ativistas, Torregiani vivia fazendo apologia à morte do assaltante, tendo pregado foto deste na vitrine de sua loja.

Em face destas reações, eles eram considerados inimigos do proletariado e chamados de agentes da contrarrevolução, sendo esta a razão pela qual foram eliminados em emboscadas adredemente preparadas pelos facínoras do bando.

Consta na sentença revisada pela Segunda Corte de Apelação de Milão, que dois dias antes dos dois assassinatos, ou seja, na noite do dia 14 de fevereiro de 1979, estavam reunidos na casa de Luigi Bergamin, situada em Milão, vários membros da organização criminosa PAC, dentre os quais, Pietro Mutti, Arrigo Cavallina, Cesare Battisti, Marco Masala, Marina Premoli e Sissino Bitti, debatendo a realização do duplo homicídio: de Pierluigi Torregiani em Milão e de Lino Sabbadin em Mestre.

Segundo demonstrado nos autos, os ativistas Sebastiano Masala, Gabriele Grimaldi e Giuseppe Memeo não compareceram à última reunião porque estavam compromissados com a realização das duas operações homicidas e não aceitavam a suspensão dos atos.

No calor das discussões, surgiram discordâncias sobre o duplo assassinato e suas repercussões perante a opinião pública. Os ativistas Pietro Mutti, Luigi Bergamin, Premoli e Arrigo Cavallina foram contra as duas ações, entendiam que o momento era difícil e que as mortes poderiam ter efeito contrário ao que inicialmente tinham debatido.

Membros do grupo, especialmente os mais receosos, achavam precipitadas as ações e estavam com medo de retaliações da polícia. O argumento contrário era o recente assassinato do juiz Emilio Alessandrini por outra facção terrorista, acontecido em 29 de janeiro de 1979, na cidade de Milão; portanto, o momento político era desfavorável ao acertado nas sessões precedentes.

No calor dos debates, Cesare Battisti pediu a palavra e sustentou a execução dos atos já pactuados, dizendo que a Operação Veneto estava pronta – ação que consistia em assassinar Sabbadin. Disse, ainda, que no dia seguinte iria viajar até Pádua, para, juntamente com Diego Giacomini e Paola Filippi, ultimarem os detalhes da emboscada final. Dito isto, se afastou do grupo.

Estes fatos foram confirmados por Sante Fatone, Arrigo Cavallina, Pietro Mutti e outros ativistas, quando foram ouvidos no processo. Tudo está pormenorizado na sentença 76/88 da 1ª Corte de Milão, a partir da página 434.

Sebastiano Masala, um dos executores de Torregiani, também confirmou os encontros realizados nas residências de Mutti e Bergamin, onde debateram a realização das duas mortes, embora não tenha estado presente na última assembleia. Vale salientar, que o grupo não tinha hierarquia, não existia comandante único. Tudo era discutido sempre entre os principais líderes, mas não existia subordinação.

Na carta que Cesare Battisti enviou aos ministros do Supremo Tribunal Federal, ele confessa que esteve em uma das reuniões realizadas na casa de Pietro Mutti, justamente quando os ativistas debatiam o duplo assassinato, entretanto, diz que sua postura foi a de tentar impedir a ação, mesmo porque, segundo ele, não era mais ligado ao grupo e que os atos sangrentos não se justificavam.

Na missiva, está dito que os PAC tinham decidido matar dois justiceiros de extrema-direita, Torregiani em Milão e Sabbadin na região de Veneza. Se não pactuava com os meios criminosos do bando, por que foi ao encontro dos malfeitores? Na verdade, nesta época, nem de longe Cesare Battisti era um "desligado". Era um dos mais determinados, talvez o membro mais destemido. A história de Battisti dizer que estava desligado será amplamente discutida no capítulo A Saída da Facção Criminosa.

Conclui-se pelo contido nos autos que os dois homicídios, sem o menor resquício de dúvida, foram conjuntamente decididos e planejados para serem realizados simultaneamente, como de fato ocorreu. Várias reuniões preparatórias envolveram os dois núcleos operativos – um atuou no Veneto e outro em Milão. Cada núcleo era consciente da ação a ser realizada e todos conheciam os detalhes de tudo o que foi planejado para o duplo assassinato.

Após as mortes de Lino Sabbadin e Pierluigi Torregiani, no mesmo dia 16 de fevereiro, foi efetuado um telefonema informando à agência ANSA da cidade de Mestre, que tinham eliminado dois agentes da contrarrevolução. No dia seguinte em Milão, uma mulher leu na Rádio Popular um comunicado reivindicando a autoria do duplo homicídio pelo grupo PAC.

Agiram os sicários em perfeita sintonia, num verdadeiro *pacto seleris*, com a consciência e a vontade de realizar os assassinatos. Os executores materiais do homicídio que vitimou Torregiani confessaram a duplicidade dos atentados. Na fase de instrução, discorreram sobre o assunto Sante Fatone e Gabriele Grimaldi e, nos debates orais, falaram Sebastiano Masala e Giuseppe Memeo.

Estes quatro criminosos há pouco citados ficaram em Milão, enquanto Cesare Battisti, Diego Giacomini e Paola Filippi foram para a cidade de Mestre, onde foi assassinado Sabaddin.

O professor Dalmo Dallari publicou artigo intitulado Refugiados, uma decisão soberana do Brasil, na *Folha de São Paulo*, em 19 de janeiro de 2009, defendendo a concessão do refúgio outorgada pelo então ministro da Justiça Tarso Genro. Verberou como Cesare Battisti poderia ser culpado dos dois crimes, já que era impossível estar nos dois lugares ao mesmo tempo e, assim, se manifestou:

> Além de só haver como prova as palavras do delator, dois desses crimes foram cometidos no mesmo dia, em horários muito próximos e em lugares muito distantes um do outro, de tal modo que seria impossível que

Battisti tivesse participado efetivamente de ambos os crimes (DALLARI, 2009).

Nunca a Justiça de Milão disse que Battisti esteve em dois locais ao mesmo tempo – e não afirmou que a única prova é a palavra de um delator. Esta afirmação do professor insulta os juízes da Itália.

No processo penal, a lei italiana admite o concurso de pessoas, portanto, não é necessário o acusado atirar para ser condenado e, tampouco, alguém estar na cena do crime para ser considerado culpado. Para ser condenado, basta participar do crime de qualquer modo. O emérito professor sabe muito bem disso.

Dalmo Dallari influenciou o pensamento de muitos militantes de esquerda. Sua voz se fez ouvir; ele, que foi uma bandeira da democracia brasileira, nos surpreende com uma colocação desta e ofusca sua carreira tão brilhante.

Na chacina de Torregiani, ocorrido em Milão, Battisti foi apontado como coautor intelectual. No assassinato de Sabbadin, acontecido na cidade de Mestre, ele foi acusado de ter dado apoio e cobertura ao atirador Diego Giacomini.

Cesare Battisti estava em Mestre no dia 16 de fevereiro de 1979, no comércio de Lino Sabbadin quando este foi assassinado. Jamais esteve em Milão, no dia e hora em que Pierluigi Torregiani foi eliminado – também em 16 de fevereiro de 1979. Ninguém pode permanecer em dois locais ao mesmo tempo.

Na verdade, dois dias antes das ações homicidas, ou seja, na noite do dia 14 de fevereiro de 1979, foi realizada a última reunião na residência de Luigi Bergamin, em Milão, para discutirem os detalhes finais das execuções simultâneas. Cesare Battisti estava presente.

A sentença judicial revela sua participação em todas as reuniões, tanto as realizadas na casa de Bergamin, como também nas efetuadas na residência de Pietro Mutti. Seu papel nos debates sobre o planejamento nos dois homicídios não foi de mero coadjuvante. Pelo contrário, foi voz decisiva para a realização dos sangrentos episódios.

Quando foi interrogado em juízo, Diego Giacomini, o atirador confesso de Lino Sabbadin, disse que tinha conhecimento da simultaneidade das ações, chegando a afirmar aos juízes que o homicídio de Sabbadin não tinha autonomia própria, que estava ligado diretamente à sede de Milão.

Admitiu ter contatos com companheiros milaneses, na fase de preparação e execução do crime do açougueiro, e que todos tinham plena consciência das duas ações sangrentas. Pelo fato de residir em Padova, não participou dos encontros do bando na cidade milanesa, quando definiram as duas mortes.

Dois crimes no mesmo dia e em locais diferentes são expedientes típicos de criminosos organizados, que planejam crimes simultâneos para dificultar o trabalho da polícia. A própria Fred Vargas afirmou que o atentado contra Pierluigi Torregiani foi elaborado no domicílio de Pietro Mutti - este era o lugar preferido de Cesare Battisti no final dos anos 1970.

Emerge dos autos processuais uma certeza absoluta: os dois crimes, aquele contra Torregiani e o seguinte contra Sabbadin, foram decididos conjuntamente, no mesmo momento, ambos premeditados e ambos com um fim homicida.

Reconstruindo o papel de Cesare Battisti na facção criminosa PAC, os juízes da Corte D'Appello de Milão, nos autos do processo que resultou na sentença 24/93, afirmam que a participação de Battisti foi decisória nos homicídios de Torregiani e Sabbadin. Foi dito por diferentes fontes, não só Mutti, mas Fatone e Cavallina, a informação de que ele era membro de relevo dentro da organização.

Battisti, portanto, contribuiu diretamente e com autoridade para as duas ações sanguinárias, isso, por seu carisma de elemento histórico do grupo e a sua destacada personalidade operacional, demonstrando, assim, a inexistência de hierarquia interna. Ele silenciou as vozes contrárias na reunião final em 14 de fevereiro de 1979, conforme descreve a página 39 da sentença:

> *Battisti tacita le "opposizioni" (o, meglio, i titubanti alleati)* (LA Segunda CORTE D'ASSISE D'APPELLO DI MILANO. Sentenza 24/93, p. 39)
>
> [Battisti silencia as "oposições" (ou melhor, os aliados hesitantes)].

Entenderam os juízes que foi sintomático o comportamento de Battisti logo após o assassinato de Sabbadin, quando procurou contato telefônico com Milão antes de realizar a reivindicação comum; ato que confirma a existência de um precedente acordo global, do qual ele era consciente protagonista.

A participação efetiva exigida pelo jurista, ou seja, a presença física de Battisti nos dois crimes para justificar as condenações, não tem razão de ser.

No tocante às provas, estas foram exaustivamente examinadas pelos julgadores. É fato provado a ouvida das testemunhas, a realização das perícias e inúmeros depoimentos dos acusados. As informações fornecidas pelos membros da facção PAC foram devidamente confrontadas, provando, assim, o zelo da Magistratura milanesa para sentenciar os denunciados.

Cesare Battisti foi julgado pelo júri popular da Itália, portanto, o povo italiano participou do julgamento no qual o assassino foi condenado.

A Corte d'Assise di Milano é equivalente ao nosso Tribunal Popular do Júri, onde a sociedade é chamada para julgar os acusados que praticam crimes contra a vida.

ANDREA CAMPAGNA
Policial da DIGOS de Milão

ANDREA CAMPAGNA
(O ÚLTIMO ASSASSINATO)

Os fatos

Ainda no ano de 1979, época em que Cesare Battisti era ativo militante do grupo, foi realizado o último assassinato. O fato aconteceu na cidade de Milão, no dia 19 de abril, por volta das quatorze horas, quando o agente de segurança Andrea Campagna, da força policial DIGOS, foi executado na frente de seu sogro, Lorenzo Manfredi.

A vítima foi abatida com tiros disparados por Battisti, no exato momento em que abria a porta de seu carro, estacionado na Via Modica. Tudo foi muito rápido, e não havia como o policial esboçar uma reação, pois foi surpreendido pelo atirador.

A testemunha ocular ainda tentou impedir a ação de Battisti, mas este apontou-lhe o revólver e acionou novamente o gatilho por duas vezes, mas a arma não disparou. Ato contínuo, o atirador correu em direção a um veículo marca Fiat 127, que estava parado próximo ao local do crime. No carro da fuga, se encontrava o cúmplice Giuseppe Memeo, que o acionou e tomou o rumo da Via Biella, evadindo-se do local em alta velocidade.

Em visita a Milão, é possível constatar que o local do crime escolhido pelos assassinos foi estratégico para surpreender a vítima e fugir com segurança, o que de fato ocorreu.

A Via Modica é pequena e nasce em dois locais diferentes, no entanto, em torno de cinquenta metros depois, as duas ruas se encontram numa bifurcação formando uma só. Seguindo por mais ou menos a mesma distância, termina na Via Biella. O lugar é tranquilo e de pouco movimento. No início de um dos braços – o direito, olhando para o sentido da Via Biella – há uma lápide em homenagem ao policial Campagna.

Após sofrer o ataque, o agente foi socorrido imediatamente, mas morreu a caminho do hospital. A necropsia feita no corpo constatou que a vítima recebeu cinco tiros, sendo que quatro transpassaram e um ficou alojado. O exame médico legal concluiu que os tiros foram disparados de uma distância muito próxima.

A perícia feita no projétil retirado do corpo da vítima atestou que a bala tinha calibre 357 – Magnum. Este mesmo tipo de projétil foi usado na arma utilizada para matar o joalheiro Torregiani, no mês de fevereiro daquele mesmo ano. O matador foi Memeo - o motorista do veículo da fuga do assassinato de Campagna.

No dia 24 de abril, cinco dias depois do crime, um veículo Fiat 127, de placa MI-50 4381, foi localizado na Rua Gola, na zona Ticinese de Milão. A polícia encontrou, dentro do carro abandonado, cartuchos calibre 357 – Magnum.

Este carro foi roubado na Rua Palladio, no dia 16 de abril, por volta das vinte e três horas, portanto, três dias antes do fato. O delito foi praticado por dois jovens, um dos quais estava armado de pistola (expressão usada para definir revólver na Itália), segundo relato da vítima nos autos.

O motivo do crime do policial Campagna estaria associado a várias prisões de pessoas suspeitas da morte do joalheiro Torregiani, consumada no mês de fevereiro do ano de 1979.

Andrea Campagna tinha participado das detenções e era tido como "torturador de companheiros" pelos integrantes do bando PAC e, assim, foi jurado de morte. As prisões foram amplamente divulgadas pela imprensa, e a imagem de Andrea foi mostrada na televisão transportando presos para o cárcere de São Vittore. Sua função na divisão especializada DIGOS era de motorista.

Depois deste assassinato, o cerco foi se fechando contra os extremistas e, no mês de julho, daquele mesmo ano, no interior de uma casa situada à Rua Picozzi, na cidade de Milão, foi efetuada a prisão de Giuseppe Memeo e foram arrestadas diversas armas de fogo. É bom lembrar que Battisti já estava preso desde o dia 26 de junho de 1979.

Naquela ocasião, a polícia apreendeu vasta documentação no esconderijo de Memeo, como cópias de panfletos reivindicando o homicídio de Torregiani e formulários em branco de carteiras de identidade roubados do departamento de registro da prefeitura de Milão, na Rua Gallura. A partir desta ação, foi possível periciar as armas e uma delas, uma pistola, cujo calibre era 357 – Magnum, pertencia a Memeo – o assassino que atirou em Torregiani.

Aliás, quem primeiro falou sobre o homicídio de Campagna ao juiz de investigações foi Pasini Gatti, em

18 de dezembro de 1980, quando disse ter falado com Giuseppe Memeo sobre a morte do policial milanês e ouviu dele a afirmação de que a arma usada tinha sido a mesma empregada para matar o joalheiro Torregiani – um revólver Colt Python, calibre 357 – Magnum.

O assassinato do agente Campagna, considerado inimigo dos proletários, foi reivindicado pelo bando criminoso PAC na mesma tarde do dia do crime, por volta das dezesseis horas, quando uma voz feminina disse ao jornalista De Bartoli que o assassinato era de autoria do grupo, o que revela o desejo de tornar pública a eliminação de uma vida humana, conforme descreve parte da sentença:

> [Uma anônima voz feminina com sotaque do norte e timbre jovem, dizia textualmente ao jornalista De Bartoli – que havia recebido o telefonema -: "Reivindicamos a eliminação do agente de polícia Campagna, torturador dos proletários. Proletários Armados pelo Comunismo. Há no fato um salto de qualidade].

Há no manifesto uma satisfação geral do grupo pela eliminação do agente. Enfim, o plano de sangue estava realizado. Andrea tombou morto sem poder esboçar qualquer reação. O jovem policial iria completar 25 anos no dia 18 de agosto de 1979; quando foi covardemente assassinado por deliberação de criminosos que se intitulavam defensores dos proletários e, para fazer valer suas fantasiosas ideologias políticas, assassinavam pessoas de forma calculada e sem conceder a estas, qualquer chance de defesa.

Parece que o último homicídio a que a defensora Fred Vargas fez referência na sua carta foi este de Campagna – o quarto de uma série de crimes de morte. Vejamos o que ela disse:

> Sabe-se também, pelo exame de balística, que a arma utilizada foi a de Memeo, o atirador de Torregiani. Não existe uma única prova material contra Cesare Battisti, nem uma única testemunha (VARGAS, 2009).

A colocação da defensora só traz subsídios para a comprovação da real participação de seu protegido na morte do policial. A testemunha ocular Lorenzo Manfredi, o sogro de Campagna, viu o assassino muito próximo da vítima e se dispôs a fazer o reconhecimento pessoal do atirador.

Com base na legislação processual penal italiana, no entanto, Cesare Battisti se esquivou de fazer tal procedimento. Este ato foi interpretado pela Corte julgadora como uma evidente culpabilidade no evento sangrento.

Era ao lado do parceiro Memeo, no dia em que a vítima foi assassinada, que estava o fugitivo italiano. Esse detalhe, no entanto, ela não revela, apesar de dizer que a arma empregada no crime da Via Modica foi a mesma que matou Torregiani.

A prisão de Giuseppe Memeo, em julho de 1979, foi fundamental para as investigações, sobretudo, pelas armas encontradas em seu poder, que foram devidamente periciadas. Portanto, as provas existem e foram satisfatórias para declarar Cesare culpado.

As detenções de Pietro Mutti e Sante Fatone, ocorridas nos anos de 1982 e 1984, respectivamente, ocasionaram uma reviravolta nos casos, como já citado no episódio Antonio Santoro. Só assim foi possível para os julgadores fazer uma reconstituição detalhada de todos os crimes de sangue. Até então só haviam sido identificados os executores materiais de Pierluigi Torregiani: Sebastiano Masala, Sante Fatone, Gabriele Grimaldi e Giuseppe Memeo, conforme está escrito na *Sentenza 20/81 da Corte di Milano*.

Mutti e Fatone eram componentes históricos da organização e resolveram colaborar com a justiça. As delações premiadas eram previstas em lei, e o colaborador não podia mentir, sob pena de não receber o benefício. Ambos foram condenados pelos crimes em que estiveram envolvidos e cumpriram penas de reclusão.

Em depoimento prestado no mês de fevereiro de 1982, Pietro Mutti noticiou que Giuseppe Memeo lhe disse que ele tinha dirigido o veículo Fiat 127 e, por infelicidade, deixaram munição no interior do carro. Este material foi periciado e remetido ao Judiciário, sendo prova técnica nos autos.

O encontro entre os dois delinquentes ocorreu dias depois do assassinato de Campagna, quando estavam planejando assaltar mais um banco. Memeo revelou, ainda, detalhes da operação, tendo dito que houve um erro na posição do carro da fuga, estacionado mais longe do que o planejado.

É importante lembrar o que disse a testemunha ocular, Lorenzo Manfredi, sobre este caso. Conforme está registrado, Manfredi estava muito próximo do atirador e, após a rápida ação do matador, tentou se aproximar dele, no que sofreu a intimidação da arma apontada para sua pessoa, tendo o assassino apertado o gatilho por duas vezes, e, felizmente, a arma não disparou.

Na perícia oficial, existe a constatação de um cartucho com a espoleta batida, que foi encontrado no interior do veículo Fiat 127, deixado pela dupla criminosa, e, por dedução lógica, a arma foi devidamente recarregada.

O laudo é prova material e nunca foi questionado pelos defensores de Battisti. As informações das testemunhas e dos colaboradores da Justiça são concordantes e, quando comparadas às perícias, guardam sintonia.

Sobre o homicídio de Campagna, deve-se, também, considerar o depoimento de Sante Fatone - preso pela polícia italiana quando tentava fugir para a França em 15 de julho de 1984. Ele dirigia um carro Fiat 500, quando foi parado por dois patrulheiros na estrada. No momento da abordagem, sacou uma pistola semiautomática Mauser calibre 7.65, contudo, um dos policiais conseguiu atirar primeiro e o acertou com dois tiros no abdômen. Ferido, foi socorrido ao hospital Molinette de Turim, cidade próxima a Milão, onde foi tratado e sobreviveu aos disparos.

Após sua recuperação, foi ouvido. Interrogado em 29 de junho de 1984, no juízo de instruções, forneceu exaustivas explicações a respeito do plano que ceifou a vida de Andrea Campagna.

Declarou que, após o episódio das detenções envolvendo pessoas suspeitas no assassinato de Torregiani, os companheiros de Milão tinham reconhecido Campagna como um dos agentes e, por conseguinte, seu nome foi colocado na lista para ser executado. O plano criminoso envolveu Cesare Battisti, Giuseppe Memeo, Claudio Lavazza, Luigi Bergamin e Silvana Marelli.

Disse que ouviu de Memeo, quando os dois estavam juntos, que a ação foi feita por ele e Battisti. Relatou o equívoco de uma terceira pessoa envolvida e que, na verdade, enquanto Memeo aguardava no carro, Cesare com uma pistola, ficou à espera do policial que estava no apartamento da namorada na citada Via Modica. Disse com precisão a seguinte frase:

> [...] *Il Fatone precisa: "il Memeo mi disse che quel giorno erano andati espressamente per ammazzare Il Campagna"* (LA 1ª CORTE D'ASSISE DI MILANO. Sentenza 76/88, p. 515).

> [O Fatone precisa: "o Memeo me disse que naquele dia foram expressamente para matar o Campagna"].

O assassino condenado, Giuseppe Memeo, admitiu diante da Corte, durante seu interrogatório em 31 de janeiro de 1984, que participou do atentado contra Campagna. Seu depoimento foi concordante com o que dissera o comparsa, Maurizio Mirra, no ano de 1983. Esta admissão foi confirmada nos debates de primeiro e segundo graus e durante o julgamento do processo que resultou na decisão 76/88 da 1ª Corte de Milão – folha 516.

Disse, ainda, ter agido ao lado de um companheiro, identificado como sendo Battisti, conforme relatam os juízes no início da lauda 521 da sentença supra.

Um detalhe importante na identificação de Cesare Battisti como autor dos disparos que matou o agente Campagna foi a descrição física do atirador e das vestes usadas no dia do crime feita pelas duas testemunhas oculares. Ambas afirmaram que o assassino aparentava ter em torno de vinte e cinco anos, era loiro, usava botas tipo *camperos* e estava vestido com um jaquetão de rena. Todos os companheiros de Battisti informaram que ele sempre gostou deste tipo de calçado, o que possibilitava elevar um pouco sua estatura (cerca de 1,68 m), considerada baixa para os padrões italianos.

Aliás, no seu interrogatório em fevereiro de 1982, Pietro Mutti, respondendo a uma pergunta de ofício do magistrado de instrução, disse que Cesare Battisti costumava calçar botinhas de salto estilo *camperos* para parecer mais alto.

Das testemunhas ouvidas no processo que apurou a morte do agente Campagna, duas delas, Bruni e Manfredi, fizeram a descrição do atirador e suas declarações guardaram harmonia com os depoimentos de colaboradores, portanto, os detalhes da reconstrução do assassinato foram fundamentais para a identificação do autor material. Observe o teor da sentença sobre este fato:

> [Uma confirmação a essas concordâncias em cumplicidade vem, sobretudo, pelos depoimentos

das testemunhas Bruni e Manfredi, segundo os quais o atirador era um indivíduo de idade em torno de vinte e cinco anos, loiro, com botinhas "*camperos*" e um jaquetão de rena].

O acusado, Sante Fatone, quando foi ouvido pelas autoridades em 20 de dezembro de 1984, teria dito que, na primavera de 1982, quando estava em Milão, hospedado na casa de Roberto Veronesi — este também acusado de crimes contra o Estado italiano, viu um jaquetão de rena no armário e quis vesti-lo.

A atitude foi repreendida por Veronesi, pois esta veste tinha sido usada por Cesare Battisti no dia da ação contra Andrea Campagna. Há, ainda, no depoimento de Fatone sobre a morte do agente, um detalhe que chama a atenção:

> [...] *molto tempo dopo a Roma o a Bologna, lo stesso Battisti gli aveva detto di aver partecipato personalmente all'azione* (Op. cit. p, 515).
>
> [muito tempo depois em Roma ou em Bolonha, o mesmo Battisti lhe tinha dito ter participado pessoalmente da ação].

Esta frase pode passar despercebida ou não ser relevante para os defensores da causa, que dizem ser de um arrependido e que não traduz a verdade fática. Comparando esta colocação, porém, com o que disse o próprio foragido em seu livro *Minha Fuga Sem Fim,* na página 51, dá para sentir sua veracidade no contexto dos acontecimentos.

Cesare Battisti afirmou que, após ser resgatado da prisão pelos seus antigos companheiros, em 4 de outubro de 1981, ficou escondido em porões na Cidade romana. Portanto, o detalhe dito por Fatone, de que, tempos depois, em Roma ou Bolonha, ouviu de Battisti a confissão de ter participado pessoalmente da ação criminosa contra Campagna, não é típico de quem quer jogar culpa em ninguém. Pelo contrário, são detalhes que se somam.

É bom frisar que muitos ativistas foram para Roma, depois da espetacular fuga de Battisti da penitenciária de Frosinone. Um deles, Pietro Mutti, o líder do plano de evasão, foi detido na capital italiana no início de 1982, quando tentava se esconder do encalço dos policiais.

Na mesma página (515), ainda consta informação do interrogado Fatone, dizendo que, no ano de 1979, entre março e abril, o próprio Battisti tinha dito que estava preparando a ação homicida que resultou na morte do agente da divisão especializada DIGOS.

Giuseppe Memeo, em depoimento prestado ao juiz de instrução, na data de 3 de janeiro de 1984, admitiu ter participado do assassinato de Campagna, quando disse que sua função era guiar o carro e que agiu ao lado de um companheiro.

Battisti recusou-se a fazer a devida acareação, porque seria reconhecido legalmente dentro do processo. Que inocente é este que foge para não enfrentar uma acusação? Maiormente na Itália, onde a ampla defesa é garantida. A sentença da Corte de Milão fez referência a esta recusa, *in verbis*:

> [Outro elemento a cargo de Battisti: preso na Rua Castelfidardo (o dia 26.6.79) e convidado a submeter-se a um reconhecimento pessoal com as testemunhas do homicídio Campagna, ele recusa/refuta tal adimplemento instrutório. Estamos, diante do exercício de um direito do imputado, como o que diz respeito a clandestinidade, mas também neste caso, a Corte é autorizada deduzir elementos de convencimento por tal escolha].

Como se percebe, o fugitivo não quis enfrentar o reconhecimento dentro do devido processo legal. Sabedor de sua culpa, preferiu fugir da prisão e se dizer vítima de uma perversa perseguição do Estado italiano, que nunca existiu. Nem no momento mais conturbado da época dos assassinatos, o Judiciário da Itália negou a nenhum dos acusados o exercício sagrado do direito de defesa.

Quanto ao cabelo loiro, referido pelas testemunhas, consta na página 522 da sentença italiana que as fotos identificadoras de Battisti anexadas mostram seus cabelos castanhos claros, sem falar que eles usavam disfarces — perucas e barbas postiças. Nunca um juiz da Itália disse que Battisti era loiro.

Os traços somáticos noticiados levaram os juízes a fazer um comparativo com tais fotografias, mesmo porque, para condená-lo, a Justiça não deu credibilidade somente ao depoimento de antigos companheiros arrependidos como propagam seus defensores. Fez uma análise criteriosa de todos os elementos de provas, conferindo todos os detalhes, checando as informações com austeridade.

Não cabe na cabeça do mais rude dos populares a ideia de que, em uma democracia, os acusados não tenham o direito de exercitar a sagrada defesa. A Itália tem uma Justiça bem mais célere do que a nossa, sobretudo na apuração de crimes contra a vida.

Enquanto no Brasil se brinca de fazer justiça contra muitos criminosos, principalmente os mais abastados e protegidos por amizades e influências políticas, na Itália, a prática de homicídio é combatida com rigor.

O sofrimento das famílias enlutadas não tem reparação. O que elas querem é que se faça justiça em relação aos crimes praticados pelos membros da organização PAC. Não há sentimento de vingança relativamente a nenhum deles.

Cesare Battisti viveu no cárcere italiano durante muito tempo, quando os fatos criminosos ainda estavam na efervescência e jamais foi molestado por ninguém, mesmo pertencendo a uma organização criminosa que reivindicou publicamente os quatro assassinatos.

Milão – sede central da facção terrorista PAC.

A VERDADE SOFISMADA

Em entrevista concedida ao Jornal francês *Le Monde*, publicada no dia 20 de fevereiro de 2009, a romancista Fred Vargas disse que o processo contra Cesare Battisti "foi irregular do princípio ao fim", mas não diz qual dos processos.

São afirmações soltas como esta, sem nenhum elemento de prova, que influenciam algumas pessoas, sobretudo, partindo de quem ocupa espaço no meio intelectual. Na sua carta ao Supremo Tribunal Federal, sobre as provas colhidas, disse:

> Não existe uma única prova material contra Cesare Battisti, nem uma única testemunha que o descrevesse, excepto arrependidos e dissociados, que todos beneficiaram de reduções de penalidade, e um testemunho, declarado pelos peritos muito psicologicamente perturbado. Os poucos depoimentos, muito vagos, provêm de pessoas cujo nome não está registrado nos autos (VARGAS, 2009).

Qual o dado que Fred Vargas tem para fazer tal afirmação? Que asseveração desproposital! Vejamos:

- Lorenzo Manfredi, testemunha ocular da execução de Campagna, quis fazer a devida acareação com Battisti e este refutou.

- Cecilia Barbetta sustentou em juízo o que dissera na polícia sobre a execução do policial de Udine, cujas declarações foram corroboradas por Massimo Tirelli.

- Pietro Mutti disse na justiça que Cesare Battisti era membro do bando e que participou de várias ações criminosas, fato este confessado pelo próprio Battisti.

- Outros ativistas falaram da participação direta de Battisti nos crimes, dentre os quais: Sante Fatone, Arrigo Cavallina, Luigi Bergamin, Maurizio Mirra, Giuseppe Memeo e Sebastiano Masala.

- As perícias oficiais estão nos autos (provas materiais). Armas foram apreendidas e exames balísticos realizados.

- Existem fotos identificadoras dos acusados.

- As descrições dos atiradores feitas por testemunhas — tudo é prova no processo.

Todas as pessoas ouvidas nos processos foram identificadas, basta olhar a página 243 da sentença 76/88 da Corte de Milão, onde os juízes dizem que as provas testemunhais são concordantes com as declarações dos acusados/arrependidos.

Menegon, Pagano, Suriano, Zampiere e Linassi são testemunhas qualificadas no processo de Antonio Santoro. Bruni e Lorenzo Manfredi foram ouvidos no caso de Campagna. É primário em Direito! Só é testemunha quem pode ser qualificada e identificada civilmente.

Seria uma loucura crer que a Justiça da Itália seria capaz de considerar válidas as palavras de alguém perturbado, como afirma a Defensora.

É muita candura acreditar somente na palavra de um homem de passado nebuloso – só visão ideológica para justificar tal cegueira. Tais colocações não são argumentos. Isto é um insulto à inteligência das pessoas. É o fanatismo contra a razão.

O magistrado Gian Carlo Caselli, sucessor do juiz Giovanni Falcone, dinamitado por mafiosos na Itália, condenou com veemência esses fatos – de estarem divulgando inverdades sobre provas coletadas pela Justiça italiana para a condenação de Battisti, principalmente, as colocações de Tarso Genro em seu infeliz despacho.

Assim como o jurista Dalmo Dallari, o então Ministro da Justiça afirmou que a sentença condenatória teve por fundamento precipuamente um só depoimento – a delação premiada de Pietro Mutti. Na entrevista à Revista *Carta Capital*, edição 533, o juiz Caselli esclareceu:

> O que é isso. Basta ler as sentenças nos processos, aliás, são públicas e se encontram estampadas no site www.vittimeterrorismo.it, para se constatar quanto são falsas as afirmações que contra Battisti existiam

apenas declarações de Mutti. Foram, ao invés, numerosas provas: os testemunhos, os colaboradores e os réus não colaboradores de Justiça, todos que com declarações em juízo possibilitaram, — junto com perícias, documentos apreendidos, armas e munições sequestradas —, a reconstrução de toda a história dos Proletários Armados para o Comunismo (PAC) e de todas as responsabilidades pessoais de Battisti (CASELLI, 2009).

Em sua decisão administrativa, o ex-ministro Tarso Genro condenou todos os meios de provas coletadas pela Justiça italiana. Basta ler o tópico 24:

> Após fugir da Itália em 1981, o Recorrente foi condenado pela Justiça do país, como autor e co-autor de homicídios ocorridos entre junho de 1978 e abril de 1979. Vislumbra o Recorrente, no caso, falta de oportunidades para que desenvolvesse sua ampla defesa. Nesse sentido, é de se notar que as acusações não buscam esteio em provas periciais, fundamentando-se precipuamente em uma testemunha de acusação implicada pelos próprios fatos delituosos, qual seja, o delator premiado Pietro Mutti (GENRO, 2008).

Percebe-se que Genro, em apenas um parágrafo, desfez toda a história dos assassinatos acontecidos na Itália, entre os anos de 1978 e 1979, o que é lamentável. A colocação é um desrespeito às decisões judiciais de uma nação livre e exemplar no combate aos crimes de morte.

No que tange à falta de oportunidade para ofertar sua ampla defesa, isto nunca foi negado ao acusado. Ele constituiu advogados que recorreram até a última instância e se não acompanhou o andamento pessoalmente dos processos foi porque fugiu. Jamais foi impedido de exercitar seu direito de defesa.

Pietro Mutti não foi testemunha de acusação. Ele cooperou com as investigações em troca de benefícios da lei especial da delação premiada e, por esta opção, cumpriu oito anos de prisão. Como também Arrigo Cavallina, que ficou preso durante oito anos e declarou na imprensa italiana que Battisti era um dos membros operantes do bando, portanto, não é verdade quando se diz que as condenações não foram fundamentadas.

O testemunho de Cecilia Barbetta, no processo de Santoro, também não tem nenhuma relevância para o caso! As confirmações feitas por outros envolvidos, as provas testemunhais e as perícias foram satisfatórias na visão dos juízes. Embora questionem as provas para a condenação nos crimes de morte, é bom relembrar a sentença anterior de Battisti por atos subversivos contra o Estado democrático italiano. Será que também foi fruto de um processo viciado?

A prisão de Cesare Battisti em flagrante delito no dia 26 de junho, na posse de armas, foi uma invenção? A Justiça da Itália também forjou estas provas? Não, nada disso ocorreu. Os processos foram devidamente analisados e conduzidos por magistrados independentes. Os advogados questionaram e usaram os meios legais para rebater as acusações. O que existe são ilações defensivas e vozes ideológicas contrárias aos fatos provados.

Em matéria publicada na *Folha de São Paulo*, no dia 8 de fevereiro de 2009, a professora da USP, Janaína Paschoal, disse ter estudado minuciosamente as sentenças condenatórias e afirmou que as delações não podem ser questionadas:

> [...] Sendo tal instituto admitido na Itália, não cabe a um outro país, seja por meio de seu Poder Executivo ou de seu Poder Judiciário questionar". E completa: "Pela sentença, os supostos delatores foram responsabilizados pelos crimes que, confessadamente, praticaram". Janaína disse que "a decisão é extensa, bastante detalhada e fundamentada. Cada caso é minuciosamente apreciado e a participação de cada um dos imputados é cuidadosamente analisada, tomando-se o cuidado de avaliar, tecnicamente, o valor de cada prova, como o valor do depoimento de um acusado para incriminar os demais (PASCHOAL, 2009).

A delação premiada tem legitimação na legislação penal italiana, portanto, não há o que ser questionado quanto à sua validade. Assim como no sistema penal brasileiro, a delação não basta por si só para uma condenação, deve ter ressonância com as demais provas. Foi o que ocorreu no julgamento de Battisti.

Sobre o instituto da delação premiada, o ministro Marco Aurélio, cujo voto foi contra o pedido de extradição, em um *Habeas Corpus* pretérito – referido no voto do relator, disse o seguinte:

> Mostra-se fundamentado o provimento judicial quando há referência a depoimentos que respaldam delação de corréus. Se de um lado a delação, de forma isolada, não respalda condenação, de outro serve ao convencimento quando consentâneos com as demais provas coligidas (HC n° 75.226, Rel. Min. Marco Aurélio, DJ de 19.09.1997) (apud PELUSO, 2009).

É este o mesmo entendimento do Supremo Tribunal de Justiça da Itália, que, em julgamentos de casos envolvendo o instituto da delação, decidiu que para a condenação se faz necessária a avaliação conjunta com outros elementos de prova que confirmem a fidedignidade da acusação de cumplicidade, sem fazer distinção entre as provas, mesmo porque é o que estabelece o Código de Procedimento Penal da Itália.

É fato provado que as condenações pela participação nos quatro homicídios foram baseadas em provas e colaborações de arrependidos. Não há nenhuma evidência nos processos que leve a se acreditar que somente a colaboração de Pietro Mutti tenha sido bastante para a condenação. Isso seria um absurdo! E mais espantoso é acreditar neste boato espalhado no Brasil. Sobre a falta de provas questionada pelos defensores, o jurista Dalmo Dallari disse em manifestação enviada para Flávio Ferreira, no jornal *Folha de São Paulo*, em 4 de fevereiro de 2009:

> A par desses pontos, o exame das decisões dos tribunais italianos deixa mais do que evidente que é

falsa e injusta a qualificação de Cesare Battisti como um bandido sanguinário. Pelo que se verifica analisando o processo, não há uma única prova de que Cesare Battisti tenha atirado em alguém (DALLARI, 2009).

É lamentável que um homem como Dalmo de Abreu Dallari, de renome e elevado conceito perante muitos estudantes e profissionais, tenha emitido uma opinião no campo criminal e desprezado elementos primários do Direito Penal! É possível que sua generosidade não tenha permitido uma leitura mais aprofundada.

Na Itália, assim como no Brasil, à falta de provas, o juiz tem o livre convencimento para julgar o processo. Na passagem em foco, isto não ocorreu, mesmo porque, além das delações premiadas, testemunhas foram ouvidas e seus depoimentos foram confrontados com as informações dos demais acusados e não houve discordâncias.

Perícias oficiais foram acostadas, sobretudo a que identificou a arma de Giuseppe Memeo – o assassino que atirou em Torregiani e, como já demonstrado, o motorista que deu fuga a Battisti no assassinato de Andrea Campagna.

No processo que analisou a morte do agente penitenciário Antonio Santoro, reivindicado pelo bando, o delator Pietro Mutti confirmou a participação de Battisti no crime e se acusou, sendo responsabilizado penalmente pelo delito.

Ele descreveu o disfarce usado por Cesare Battisti. Outras cinco testemunhas falaram em juízo sobre a descrição do autor dos disparos, coincidindo com as afirmações de

Mutti. Como se nota, há provas suficientes para a condenação. Tanto é verdade, que o réu foi considerado culpado em grau de recurso.

No crime de que foi vítima o policial Andrea Campagna, duas testemunhas oculares fizeram a descrição de Battisti, e essas informações foram confrontadas com as declarações de Pietro Mutti e Sante Fatone, não havendo divergência, muito pelo contrário, os detalhes do crime e os posteriores desdobramentos foram se ajustando dentro das investigações, o que levou os juízes a se convencerem da culpabilidade de Cesare Battisti.

Os argumentos da falta de provas levantados pelos defensores foram rechaçados pelo juiz Armando Spataro, que conhece os processos. Segundo o magistrado da Itália, não é verdade que Battisti tenha sido condenado apenas com base nas informações do colaborador Pietro Mutti, pois outros meios de provas foram decisivos para considerá-lo culpado das acusações.

O juiz de investigações preliminares da Justiça de Milão, Guido Salvini, em entrevista publicada no jornal *Folha de São Paulo,* no dia 10 de fevereiro de 2009, concedida à colaboradora Gina de Azevedo Marques, disse que o *veredicto* sobre o terrorista Battisti é incontestável, sendo o caso apreciado por 32 (trinta e dois) juízes e, em última instância, o assassino foi considerado culpado. Disse, ainda, o seguinte:

> Em todos os processos foi dado o direito a Battisti de convocar testemunhas de defesa, mas não me lembro

de ninguém que tivesse testemunhado ao seu favor (SALVINI, 2009).

Seria difícil arrolar testemunhas diante da gravidade e veracidade dos fatos, ainda mais sendo um fugitivo que não teve a coragem de enfrentar as acusações contra ele.

Não se deve esquecer de que, no primeiro processo, a condenação foi por prática de atos subversivos contra a ordem democrática do Estado italiano — conforme já mencionado. Não foi somente Mutti que o delatou em troca de benefícios da lei especial que vigorava na época dos julgamentos. Outros ex-militantes também fizeram o mesmo. O informante não poderia mentir sob pena de ter sua pena agravada.

Sobre as delações, Guido Salvini disse que muitos confessaram a participação no grupo e sustentaram que Battisti participou efetivamente das mortes:

> Pietro Mutti não foi o único a falar. Diversos ex-militantes do PAC nos forneceram informações que, depois de confrontadas, comprovaram as responsabilidades (Op. cit. 2009).

Será que o magistrado seria tão irresponsável para fazer tais afirmações? Não é possível! O juiz conhece os processos com profundidade e não apenas de "embargos auriculares" como muitos palpiteiros de plantão.

A Corte de Milão revisou a sentença de Torregiani e confirmou a decisão no ano de 1993, portanto, a Justiça não saiu atirando às cegas para fundamentar uma condenação.

O ministro Cezar Peluso, no seu voto, traslada uma manifestação da Corte Suprema de Cassação:

> A acusação de Mutti não ficou destituída de comprovações: acusam Battisti e reconstroem o seu papel decisivo também as vozes de Fatone e de Cavallina, textualmente acima reportadas. E as narrações deles encontram numerosas confirmações objetivas nas modalidades das condutas homicidárias, apuradas alhures (pelas perícias técnicas e pelas testemunhas oculares) como conforme as descrições referidas pelos imputados confessos (apud PELUSO, 2009, p. 120).

Seria ingenuidade acreditar que as autoridades italianas iriam criar falsos elementos de prova para condenar alguém. Nos arquivos do Tribunal de Milão, estão os processos contra Cesare Battisti e outros comparsas de crimes, dentre os quais: Pietro Mutti, Fatone Sante, Sebastiano Masala, Luigi Bergamin, Arrigo Cavallina, Diego Giacomini, Giuseppe Memeo e Gabriele Grimaldi – os mais violentos.

Bifurcação da Via Modica. Os assassinos de Campagna, Cesare Battisti e Giuseppe Memeo usaram na fuga esta rota para alcançar a Via Biella.

A SAÍDA DA FACÇÃO TERRORISTA
(DESENCONTROS)

Segundo o foragido Cesare Battisti, as motivações do desligamento do grupo PAC foram a morte do líder político Aldo Moro, em 9 de maio de 1978, e o homicídio de Antonio Santoro, sucedido em 6 de junho do mesmo ano. A razão da saída seria pelo fato de não comungar com crimes de sangue e atos de violência. O crime de Aldo Moro foi um golpe em sua vida clandestina, segundo escreveu na carta remetida aos ministros do STF.

A francesa Fred Vargas chancela estas afirmações, entretanto, diz que seu amigo, além dos fatos há pouco mencionados, também, estava afastado do grupo em junho de 1979. É bom sempre lembrar: nessa época, ocorreu a prisão em flagrante de Battisti na Via Castelfidardo. Um trecho da carta de Vargas aborda o assunto:

> Foi devido ao assassinato de Aldo Moro pelas Brigadas Vermelhas e, em seguida, o assassinato de Santoro pelos PAC, que Battisti deixou o grupo em junho de 1979, assim como boa parte de seus membros. Quando dos três atentados seguintes, já não pertencia ao grupo. Mutti, Fatone, Masala, acusaram-no assim com mais vontade, já que o consideravam um "duplo traidor":

> primeiro, por ter deixado o grupo em junho de 1979 e, segundo, por ter recusado juntar-se ao novo grupo armado de Mutti, o COLP, embora Mutti e Barbetta o tivessem ajudado a evadir-se. Os ativistas, em sua maioria, depuseram as armas em 1979. Em 1982, ainda permaneciam em combate alguns "irredutíveis", entre eles Pietro Mutti e seu novo grupo (VARGAS, 2009).

Sucede, porém, que tais afirmações não se coadunam com os fatos passados naquele distante ano de 1979. Na verdade, na data de 26 de junho de 1979, Cesare Battisti foi "arrestado", para usar a expressão italiana contida no processo, da célula terrorista desbaratada na Via Castelfidardo em Milão, sendo posteriormente acusado de atos de insurreição armada contra o Estado italiano e porte ilegal de armas.

No ato da detenção, também, foram presos vários membros do bando, portanto, em junho de 1979, o "anjo inocente" de Vargas não estava "desligado" e sim preso pela polícia italiana. Como negar esta prisão em flagrante? O fugitivo a confessou.

O que se percebe é o intuito de desacreditar as decisões judiciais italianas. Fred Vargas confunde datas e registros oficiais. Isto é lamentável para uma defensora que afirma categoricamente que os processos foram viciados e que os estudou com profundidade.

O próprio Cesare Battisti, em seu livro *Minha Fuga Sem Fim*, disse que se desatou da organização no final de 1978:

> O que não era para ter acontecido sobreveio no verão de 1978, quando um núcleo do PAC reivindicou o assassinato de um comandante de prisão[3], "acusado de torturas e desvios de fundos públicos.
>
> Juntamente com parte dos militantes de primeira hora, naquele momento decidi virar a página e renunciar definitivamente à luta armada.
>
> Neste período, eu e muitos outros que tínhamos saído dos PAC no final de 1978 tentávamos sobreviver escondidos num apartamento (BATTISTI, 2007, p. 44-46).

Se ele diz que deixou o grupo no final do ano de 1978, como explicar a prisão na célula terrorista em junho de 1979? Se estivesse desligado, estaria em qualquer outro lugar, menos abrigado no covil dos lobos, portando ilegalmente armas.

Como se nota, suas versões não se sustentam pela fraqueza de argumentos e contradições com as provas judiciais acerca dos fatos. Há, ainda, um agravante nesta fantasia criada por Battisti sobre sua saída do grupo. Na carta enviada ao Supremo Tribunal Federal, ele diz o seguinte:

> No que respeita aos PAC, decidimos por uma nova palavra de ordem, segundo a qual estaríamos armados para defender-nos, mas nunca para atacar pessoas. Estupidamente fiquei tranquilizado por esta decisão, votada pela maioria. Mas um mês depois, em junho de 1978, um grupo autônomo dos PAC, dirigido por Arrigo Cavallina e chefiado por Pietro Mutti, sem consulta à totalidade dos membros responsáveis, matou o chefe dos agentes penitenciários, Santoro. Houve

> imediatamente uma reunião, muito agitada. Pietro Mutti e Arrigo Cavallina defenderam esse homicídio com grande vigor. Nesse mesmo dia deixei o grupo, como uma boa parte dos membros antigos que se opunham a todo ataque contra pessoas (BATTISTI, 2009).

Esta declaração é de Battisti, ou seja, ele esteve debatendo sobre o crime de Santoro, mas diz que não concordou com o assassinato, tanto que deixou o grupo naquele mesmo dia.

No seu livro, diz que foi no final de 1978; pode ser aceitável a confusão de datas, em razão do longo tempo passado. Afinal, qualquer um pode errar datas.

Esta afirmação, no entanto, dizendo que deixou o grupo, é uma inverdade. Basta ler a seguir outra passagem contida na mesma carta, quando ele faz referência à sua prisão, para se perceber a afirmação contraditória no detalhe do seu desligamento:

> Sabem, os Senhores Ministros, que fui preso em 1979 com outros militantes clandestinos e que fui julgado na Itália durante o primeiro processo dos PAC, onde estava presente (Op. cit. 2009).

É impossível acreditar na palavra de Battisti; sua permanência no grupo está provada. Nunca houve o abandono referido, mesmo porque, no dia 26 de junho de 1979, ele foi preso na cidade de Milão – episódio devidamente confessado. Quando vivia em liberdade, sempre foi ativo membro do grupo.

É incontestável a prisão em flagrante e, desde este episódio, ficou encarcerado até a fuga ocorrida em 1981. Ele nunca largou a luta armada na Itália; fugiu de seu país, deixando um rastro de crimes de sangue.

A defesa de Cesare Battisti, no Brasil, também fez referência à renúncia de Battisti ao movimento armado no seu memorial enviado ao Supremo Tribunal Federal (STF), nos autos do Mandado de Segurança nº 27.875, *verbis*:

> Cesare Battisti alega ter rejeitado a ideia de luta armada após o assassinato do ex-Primeiro Ministro Aldo Moro pelas Brigadas Vermelhas, em 1978(v. doc. fls. 1814), e de ter abandonado o PAC após o assassinato de Santoro, um mês depois. Por esse relato, ele sequer faria parte do grupo por ocasião dos homicídios de Torregiani, Sabaddin e Campagna. Alguns elementos objetivos conferem plausibilidade à versão de Battisti. Em primeiro lugar, o atentado contra Moro chocou o país e desencadeou uma onda de repressão particularmente intensa. É fato histórico que esse evento marca o ponto culminante e o início do retrocesso da luta armada na Itália, com a dissolução da maioria dos grupos revolucionários. Em segundo lugar, passados mais de trinta anos desde o último fato de que foi acusado, Battisti jamais se envolveu nas agitações políticas que ainda continuaram na Itália, nem tampouco praticou qualquer tipo de conduta antissocial nos países em que viveu (LUÍS ROBERTO BARROSO, 2009) .

Afirmar que, um mês depois do crime de Santoro, Battisti abandonou a luta armada é desprezar os fatos acontecidos naqueles anos finais da década 1970. Na verdade, ele foi preso um ano e dezesseis dias depois da morte do agente Antonio Santoro, como já dito. Quanto ao desligamento, este não existiu, como já demonstrei. Com o devido respeito, o que sustenta a plausibilidade da versão? Como sobrevivia Battisti? O que fazia?

Nem mesmo ele saberia inventar uma história capaz de nos convencer, porque sempre esteve na linha de frente e não dissociado da organização como quer a todos fazer acreditar.

Para enriquecer mais os detalhes de sua permanência dentro do bando armado, serão recapitulados alguns momentos marcantes na vida do foragido, ocorridos durante o período de junho de 1978 a junho de 1979, ou seja, desde a morte do policial Santoro até a prisão em flagrante de Battisti, para provar que ele foi protagonista de vários outros crimes e jamais esteve ausente de sua turma de malfeitores.

Os fatos provados pela Justiça da Itália e confessados pelo próprio Cesare Battisti contradizem seu advogado. Ele confessou em documento enviado ao STF que esteve envolvido em atos criminosos contra o Estado da Itália.

Inúmeros assaltos e atentados violentos contra pessoas aconteceram depois da execução do policial de Udine, sendo Cesare Battisti um dos principais agentes destas ações criminosas. Seu desligamento só ocorreu depois da espetacular fuga da penitenciária de Frosinone em 1981, quando abandonou o grupo e os amigos que o ajudaram a escapar.

Na segunda metade do ano de 1978, foram realizados vários assaltos para autofinanciamento das atividades criminosas e, em quase todos, Battisti esteve envolvido. Segundo os autos, os proventos das pilhagens eram destinados para despesas diárias dos delinquentes, sobretudo, Cesare Battisti, que não trabalhava e vivia na clandestinidade. Servia também para manter Sebastiano Masala, que estava desempregado, e para patrocinar o Jornal *Senza Galere* – Sem Prisões – que tinha a marca PAC.

Para relembrar ao advogado de defesa de Battisti, registro que o seu constituinte foi acusado de estar envolvido nos seguintes delitos:

- ◊ Assalto ao Banco Popular de Milão, já referido, no dia 20 de julho de 1978, realizado em Baranzate de Bollate, ou seja, dias depois do assassinato do agente carcerário da prisão de Udine, Cesare Battisti estava cometendo mais um de seus crimes.

- ◊ Rapina e dano ao posto da Polícia Ferroviária da estação de Verona, fato registrado no dia 15 de dezembro de 1978. Também foram acusados desta ação violenta com uso de pistolas e fuzil, os delinquentes Luigi Bergamin, Claudio Lavazza, Arrigo Cavallina, Diego Giacomini e Pietro Mutti.

Por ocasião do arresto de armas e prisões ocorridas no dia 26 de junho de 1979, no apartamento da ativista

Silvana Marelli, situado na Via Castelfidardo, entre as armas apreendidas pela polícia especializada DIGOS de Milão, foi encontrada a pistola que os assaltantes referidos subtraíram do agente Antonio Pasquale, do posto ferroviário, na ocasião do roubo.

A arma apreendida é mais uma das inúmeras provas materiais registradas no processo instaurado para apurar os crimes praticados e publicamente assumidos pela facção PAC. Cesare Battisti esteve diretamente envolvido na ação criminosa contra o agente do posto da Polícia Ferroviária. Como explicar seu desligamento tão exaltado? Nunca houve a ruptura.

Outra confirmação da permanência de Cesare Battisti no bando armado, depois da morte de Antonio Santoro, está nos autos de nº 76/88 da 1ª Corte de Milão, quando fala do assalto ao correio de Verona:

> Battisti, Bergamin, Cavallina, Lavazza, Masala e Mutti, condenados pelo assalto realizado contra o correio sucursal nº 7 de Verona no dia 7/08/78 (LA 1ª CORTE D'ASSISE DI MILANO. Sentenza 76/88, p. 700).

Tais fatos revelam por si que jamais Cesare Battisti deixou a facção criminosa em face do homicídio do agente Santoro, que ele tanto enfatizou na carta que fez chegar ao Supremo Tribunal Federal.

O atentado contra o agente de custódia Arturo Nigro.

Após as práticas criminosas nos meses de julho e no início de agosto de 1978, parte dos celerados foi desfrutar férias na Ilha da Sardenha, após uma breve estada em Valdritta, nas proximidades de Verona.

Durante a pausa financiada à custa do produto dos assaltos, planejaram outras ações violentas, como o atentado à bala contra o policial Arturo Nigro, fato ocorrido no dia 24 do mês de outubro de 1978, tendo sido imputados pela prática do crime e sua reivindicação, os delinquentes Luigi Bergamin, Cesare Battisti, Francesca Cavattoni, Arrigo Cavallina, Massimo Tirelli, Cecilia Barbetta e Pietro Mutti.

O policial foi alvejado porque era considerado "inimigo do proletariado detido", por ter segundo os líderes do movimento PAC, espancado na prisão uma pessoa que estava sob sua guarda.

O grupo reivindicou o ataque por meio de um panfleto dizendo: "*sozzo Arturo Nigro, sbirro del Campone di Verona - attacca la legge di riforma*". (imundo Arturo Nigro, policial de Verona - ataca a lei de reforma).

Esta ação delituosa foi planejada por Arrigo Cavallina, estando na linha de frente Cesare Battisti, Luigi Bergamin e Massimo Tirelli. O trio roubou um carro no dia 19 de outubro e passou a estudar os movimentos do agente da lei, checando os horários de chegada e saída. Arturo Nigro morava em Verona, berço do ativista e líder Cavallina.

Pietro Mutti, Massimo Tirelli e Maria Cecilia Barbetta confessaram a trama criminosa quando foram ouvidos na justiça. Mutti detalhou o atentado, tendo afirmado que só foi chamado para participar do crime em face da impossibilidade de Bergamin continuar na operação. Luigi Bergamin esteve ausente da escola em Milão, onde lecionava, exatamente entre os dias 18 e 23 de outubro de 1978, tendo voltado ao trabalho no dia seguinte.

Segundo consta nos autos, Mutti chegou à cidade de Verona na manhã do dia 23 de outubro de 1978. Ele descreveu o encontro que teve com Battisti um dia antes da emboscada, quando este relatou os detalhes do plano.

No dia do crime, no exato momento que a vítima Nigro desceu do carro, os criminosos Battisti e Mutti desceram do veículo que estava estacionado nas proximidades e abordaram o policial, ambos estavam armados de pistolas calibre 7.65, devidamente equipadas com silenciadores. Cesare Battisti fez uma revista no policial e, em seguida, obrigaram-no a deitar-se no chão, ocasião em que Pietro Mutti efetuou três disparos nas penas do agente. Após os tiros, os delinquentes entraram no carro dirigido por Massimo Tirelli e fugiram do local.

Se quisesse de fato abandonar o grupo, Battisti teria tomado outro rumo. Praticamente quatro meses depois do primeiro assassinato, ele estava participando diretamente do atentado contra o policial Arturo Nigro, conforme a Justiça da Itália.

Depois de sua prisão em Roma, no início do ano de 1982, Pietro Mutti foi ouvido perante o juízo de Milão[6], tendo assumido a autoria dos tiros no guarda Nigro. O interrogatório foi prestado quando Battisti já estava

---

6 Mutti, interrogatório em 9 de fevereiro de 1982. Foi interrogado outras vezes.

foragido da Itália. Isto nos leva a concluir que Mutti jamais quis incriminá-lo, pois se este fosse seu desejo, não teria admitido ser o autor de um crime grave. Era mais fácil dizer que o comparsa fugitivo tinha sido o atirador.

Os depoimentos de Maria Cecilia Barbetta, Massimo Tirelli e Pietro Mutti são lógicos quando comparados. Barbetta confessou que fez os levantamentos preliminares para identificar Arturo Nigro no Tribunal de Verona e conferir seus horários de saída. O trabalho foi feito em parceria com Francesca Cavattoni, namorada de Arrigo Cavallina.

Acreditar que existiu o abandono tão enfatizado pelos defensores seria negar a verdade dos acontecimentos, devidamente registrados por órgãos competentes.

Na seguinte acusação contra Cesare Battisti, percebe-se que, depois do assassinato do policial Santoro, ele continuou sua trajetória criminosa dentro da organização:

> *FERIMENTO DI NIGRO ARTURO, AGENTE DI CUSTODIA PRESSO LA CASA CIRCONDARIALE DI VERONA* – Verona 24.10.1978
> *PUBBLICA ISTIGAZIONE E APOLOGIA DELL'ATTENTATO COMMESSO-IN DANNO DELL'AGENTE DI CUSTODIA NIGRO ARTURO* – <u>Capi 61,62,63,64 (giá 62,63,64,65)</u>
> *PADOVA, VERONA NELL'OTTOBRE* – *NOVEMBRE 1978*
>
> *Imputati: Battisti, Bergamin, Cavallina, Cavattoni, Mutti Lavazza è imputato del solo reato di cui al capo 64*
> (LA 1ª CORTE D'ASSISE DI MILANO. Sentença 76/88, p.329)[7]

---

[7] Deixo de traduzir o texto por ser de fácil compreensão, sendo apenas o tipo legal imputado. Olhar a data do crime: 24 de outubro de 1978.

Esquece, ainda, seu advogado, o fato de que Cesare Battisti foi formalmente acusado de estar envolvido na tentativa de sequestro de Sandra Baggiani, mulher do diretor da filial do Banco Popular de Novara, sito em Valsesia. O episódio ocorreu entre os dias 21 e 22 de dezembro de 1978. Por este delito, também foram acusados de participação Luigi Bergamin e Claudio Lavazza. Todos foram condenados na Justiça Italiana por este crime tentado.

A vida posterior na França não apaga o rastro criminoso de Cesare edificado na Itália e, nem de longe, pode servir como argumento para justificar o seu desligamento do bando assassino.

Esses relatos demonstram de maneira inequívoca que Cesare Battisti não se desatou da associação criminosa. Na verdade, ele estava em plena atividade e financiado pelo grupo.

A história do fugitivo é sem qualquer amparo fático que possa dar sustentação aos argumentos do nobre advogado, que, infelizmente, acreditou na versão apresentada pelo apenado.

Os eventos apresentados e provados pela Justiça da Itália desnudam a versão fantasiosa exposta publicamente pelos seus simpatizantes. Todas as histórias narradas pelos defensores de Battisti parecem ter único objetivo: demonstrar, mesmo sendo contraditórias, que o desligamento se deu antes das mortes de Pierluigi Torregiani, Lino Sabbadin e Andrea Campana – crimes impeditivos da concessão do refúgio político.

Quando Battisti diz que deixou o bando PAC no final do ano de 1978, nada mais é do que uma tentativa de confundir a opinião pública. Ele tenta ludibriar as pessoas, dizendo que pegava em armas, mas não participava de nenhuma ação sangrenta.

Quando afirma que as armas usadas pelo bando eram apenas para defesa, é mais uma de suas bravatas dentre tantas outras que inventou para justificar seus atos delitivos.

Seus companheiros eram considerados sanguinários, cruéis, desumanos. Como Battisti poderia ser um mero espectador vivendo no meio deles? Seus amigos eram homens capazes de praticar toda sorte de crimes, desde um simples assalto até a retirada de uma vida humana.

Cesare Battisti afirmou categoricamente que a morte de Antonio Santoro foi defendida com veemência por Arrigo Cavallina e Pietro Mutti. Não se deve esquecer: estes dois membros foram os mais próximos dele durante todo o tempo de sua militância na organização criminosa. Ele era amigo íntimo de Mutti e discípulo de Cavallina. Não dá para acreditar em sua inocência por mais bondade ou paixão ideológica. Os fatos falam por si!

Se Battisti acha que está com a verdade, quando diz que virou a página da luta armada após a morte de Antonio Santoro em 1978 - por que aceitou a ajuda dos criminosos do policial, dentre os quais o chefe Pietro Mutti, mais de dois anos depois, para fugir da prisão de Frosinone?

Os outros crimes de morte já haviam sido consumados e, mesmo assim, ele escapou do presídio ajudado pelos assassinos que ele agora acusa formalmente de serem responsáveis pela morte de Santoro, além de chamá-los de mentirosos pelo fato de terem colaborado com a Justiça da Itália.

Pietro Mutti agora é acusado de delator e chamado de carrasco por Battisti. Se estava rompido com o grupo, por que foi resgatado? A verdade é que Cesare Battisti era figura importante dentro da organização terrorista. O aparelho subversor PAC foi desbaratado com as prisões ocorridas no verão de 1979. Foi um duro golpe na quadrilha homicida, pois a polícia de Milão conseguiu prender vários delinquentes.

O Estado italiano enfrentou os perturbadores com ações duras para fazer valer o império da lei e da ordem. Não se pode viver sob a égide de facções terroristas, originadas na blasfêmia e no crime. A seita do mal tem de ser combatida com severidade, sem clemência alguma. Ao agir assim, florescem as virtudes e aniquila-se o terror.

OS FATOS DISTORCIDOS

Fred Vargas, a mais fiel defensora de Cesare Battisti, afirmou que estudou profundamente o caso, já que é investigadora nas áreas de História e Arqueologia. No seu arrazoado, fez referências a prêmios pessoais. Em seu rogo, inocenta Battisti e expressamente atribui a culpa pelos homicídios aos demais companheiros de luta armada. Esconde, no entanto, na sua manifestação, o passado do italiano.

Na súplica de Vargas, percebe-se a tentativa de nos sensibilizar diante dos gravíssimos fatos atribuídos ao condenado pelo Judiciário da Itália. Percorramos algumas passagens de seu manifesto remetido ao Supremo Tribunal Federal:

> É hoje muito difícil defender a verdade sobre Cesare Battisti, tendo ele se tornado o centro de uma imensa campanha midiática italiana, iniciada na França em 2004. Tal campanha transformou-o em símbolo dos anos de chumbo ou mesmo, muito simplesmente, em "símbolo do mal", ao passo que antes disso era um total desconhecido na Itália, seu papel durante aquele período tendo sido irrelevante.
>
> [...] a partir desse ano de 1982, foram forjados falsos mandatos para representar o jovem Battisti.

> [...] Cabe perguntar-se por que a justiça italiana se empenhou em realizar um processo com falsos mandatos visando obter a condenação de um inocente (VARGAS, 2009).

Com estas afirmações, a Defensora tenta minimizar as ações criminosas de um homem de índole violenta, além de desrespeitar as famílias enlutadas. A ficha criminal de Battisti é vasta. Dizer que sua participação não era relevante é não conhecer o histórico dos processos. Como aceitar a afirmação de irrelevância diante de tudo o que foi demonstrado na reconstituição dos quatro assassinatos? A condenação por subversão armada contra o Estado italiano é insignificante?

Só a falta de compromisso com a verdade dos autos justificaria suas ilações. Pode não ser relevante para quem está distante; para quem não sente a dor de ver seus entes queridos covardemente assassinados. Os fatos da vida passada de Battisti sequer foram mencionados pela francesa Fred Vargas, que gentilmente o chama de inocente.

A Escritora ficou impressionada com os detalhes do processo, mas a ficha criminal de Battisti não a impressionou. Estranho! Em um processo, devemos identificar quem são os protagonistas e examinar seus antecedentes.

Em documento enviado ao Brasil, o Estado italiano descreve os crimes de morte em que Battisti esteve envolvido. A Justiça italiana, em grau de recurso, confirmou todas as condenações pelos homicídios, observando o devido processo legal.

Os argumentos acerca dos "falsos mandatos" já foram objeto de demonstração um pouco atrás e, como provado, rechaçados nas Cortes francesas e Corte Europeia, que não vislumbraram qualquer irregularidade nos instrumentos procuratórios outorgados aos advogados de defesa.

Para aclarar a mente de Fred Vargas, Cesare Battisti confessou em seu livro, *Minha Fuga Sem Fim,* que deixou procurações assinadas em branco para garantir sua defesa. Isso foi feito em 1981, quando fugiu do esconderijo de Roma, depois do resgate do cárcere de Frosinone. E a própria escritora faz esta referência em texto na citada obra:

> Antes de deixar a Itália em 1981, Battisti deixara com antigos companheiros assinaturas em branco e procurações gerais para garantir sua defesa no caso de ser processado por sua fuga, ou em caso de apelação (BATTISTI, 2007, p. 283).

O que houve foi o preenchimento dos dados por seus advogados e, como já demonstrado, impetraram todos os recursos cabíveis na legislação italiana para defender o fugitivo. A fuga foi uma opção de Battisti, portanto, seu julgamento à revelia não invalida as sentenças condenatórias.

Mais espanto nos causa é o manifesto defensivo do senador Eduardo Suplicy, enviado aos ministros do Supremo, por meio do ofício n. 00252/2009, quando fala sobre o caso:

> [...] Impressionada com os detalhes dos processos, resolveu dedicar todo o seu tempo e energia nos últimos dois anos para mostrar às autoridades responsáveis

Quando fugiu da prisão de Frosinone no final do ano de 1981, Battisti ficou escondido na Cidade Eterna.

pela justiça na Itália, na França e agora, no Brasil, que Cesare Battisti realmente cometeu ações armadas, como assaltos a bancos e outros estabelecimentos, pelos quais foi condenado a 12 anos de prisão, mas nunca cometeu assassinatos (SUPLICY, 2009).

É lamentável que Eduardo Suplicy tenha apoiado a causa de Cesare Battisti, baseado apenas na versão dos defensores. Os juízes que julgaram o caso entenderam pela culpabilidade de Battisti. Ao examinar as decisões condenatórias, percebe-se que o Senador foi induzido a erro e, como homem público, deveria ter um pouco mais de conhecimento dos fatos julgados pela Justiça de uma democracia.

É de bom alvitre ler, também, uma passagem da carta de Fred Vargas sobre um processo coletivo em que Battisti teria sido inocentado na Justiça de Milão. Assim está dito:

> É sabido de Vossas Excelências que Cesare Battisti compareceu a um primeiro processo coletivo, no qual foi inocentado dos quatro homicídios perpetrados por seu grupo. Nesse processo, foram declarados 13 casos de tortura, entre os quais o de Sisinio Bitti, o qual sofreu, notadamente, o suplício da água (permito-me enviar esse testemunho em anexo, de modo a que Vossas Excelências tenham oportunidade de constatar quão inexato é afirmar que tal processo tenha sido "regular"). Nem todos os acusados eram torturados, mas todos temiam sê-lo. É importante salientar que nenhum

dos torturados do primeiro processo sequer cogitou pronunciar o nome "Battisti" (VARGAS, 2009).

Este posicionamento faz de seus arrazoados uma manifestação oca e desprovida de sentido, com propósito meramente político. A Escritora não observou o trâmite legal dos procedimentos judiciais. Cesare Battisti nunca foi inocentado dos quatro homicídios em processo coletivo. Mais uma vez, numa leitura de um fragmento da peça do ministro Cezar Peluso, transcrevendo parte do *decisum* da Corte italiana, nota-se o equívoco da Francesa, *in verbis:*

A SENTENÇA DA CORTE DE CASSAÇÃO DE 20/12/1984

[...] De tudo o que se contém nesses documentos, colhe-se que o extraditando Cesare Battisti não foi investigado nem julgado pela acusação de participação nos homicídios de Antonio Santoro, Andrea Campagna, Lino Sabbadin e Pierluigi Torregiani no processo que culminou com a sentença da Corte D'Assise de Milão nº 33/83, de 27 de maio de 1983. Nesse processo, foram identificados e condenados alguns dos executores materiais do homicídio de Pierluigi Torregiani, tendo-se colhido nos autos outros elementos que levaram a novas investigações que culminaram com a instauração de novo processo e a completa elucidação dos homicídios acima mencionados com a identificação de todos os executores materiais e autores intelectuais, entre eles Cesare Battisti. E isso ocorreu em processo penal posterior de que resultou a sua condenação à prisão perpetua como coautor material dos homicídios de Antonio Santoro, Andrea Campagna e Lino Sabbadin e como coautor intelectual do homicídio de Pierluigi Torregiani, nos termos da nota verbal com que se pediu a sua extradição e dos documentos que a instruem.

Não é verdade, pois, que, ao proferir a condenação que deu origem ao pedido de extradição, houvessem as Cortes italianas violado as garantias da intangibilidade da coisa julgada e da proibição do non bis in idem, pois jamais houvera o extraditando sido anteriormente julgado, absolvido ou condenado pelo cometimento daquelas mesmas infrações penais (fls. 3269-3277) (apud PELUSO, 2009, p. 72 -73).

Pelo exposto acima, a Justiça da Itália nunca fez menção a nenhuma absolvição de Cesare Battisti no que diz respeito aos quatro assassinatos. Na verdade, quem foi absolvido no caso de Antonio Santoro, mesmo tendo sido reconhecido, foi Pietro Mutti. A testemunha Rosanna Trentin estava nas proximidades do local do crime, e viu dois homens dentro de um carro Simca. Quando lhe apresentaram a fotografia de Mutti, ela o reconheceu. No juízo de Udine, no entanto, disse não ter condições de fazer o devido reconhecimento pessoal, talvez por medo de retaliação.

A Justiça de Udine, em face da falta de provas, inocentou Pietro Mutti e Enrica Migliorati no primeiro momento – esta também tinha sido apontada no relatório da polícia. Em face da prisão do próprio Mutti, no início do ano de 1982, novos fatos surgiram no curso das investigações dos quatro assassinatos, sendo ambos devidamente condenados pelo homicídio de Santoro, portanto, mais uma vez Fred Vargas embaraça os fatos.

Uma breve leitura do conteúdo das peças judiciais italianas autoriza a dizer que a Escritora não conhece os processos como afirma. É fácil jogar no ar dúvidas e criar factoides para impactar o público e sensibilizar pessoas para abraçar a causa.

Nesse sentido, vejamos parte do ofício do senador Eduardo Suplicy, publicado no seu *blog*[8], no dia 11 de fevereiro de 2009, às 10h55min:

> De minha parte, fiquei persuadido que Fred Vargas tem razão e luta com grande coragem para ser ouvida". "Anexo, ainda, o parecer do Professor Dalmo de Abreu Dallari, especialmente elaborado para a "Folha de S. Paulo", que lhe encaminhou cópia dos autos do processo de Cesare Battisti na Itália. Em sua análise dos documentos, o Professor Dallari alega que encontrou mais de dez vezes a afirmação de que Cesare Battisti integrou um grupo que se formou e desenvolveu ações "com a finalidade de subverter a ordem do Estado (SUPLICY, 2009).

Infelizmente, o Senador acreditou na versão da Francesa, mesmo tendo nos autos provas de que o bando portava armas ilegalmente para praticar assaltos e assassinar pessoas. Os assassinatos foram pleiteados pelo grupo PAC, que não hesitou em matar. Sendo Battisti parte desta

---

[8] http://mtv.uol.com.br/blogdosuplicy/blog/leia-carta-de-suplicy-ao-stf-sobre-o-caso-battisti

organização criminosa, como acreditar que não comungava com suas ações sangrentas? Não há como extirpá-lo dos acontecimentos. Seria apagar registros oficiais, o que não é possível.

Na página 18, item 33, do processo objeto de apreciação pela *La prima CORTE D'ASSISE D'APELLO DI MILANO – n.17/90 della Sentenza,* Battisti foi acusado pelo Ministério Público italiano, juntamente com Luigi Bergamin, Arrigo Cavallina, Claudio Lavazza, Enrica Migliorati e o comandante Pietro Mutti, de portarem armas em local público – cinco pistolas, um fuzil e uma garrafa incendiária. Todo este arsenal foi usado na prática de atos criminosos. Como se percebe, o italiano sempre estava ao lado de seus amigos e nunca deixou de ser citado nas acusações dos crimes menores, mas, quando os homicídios são abordados, imediatamente, seus simpatizantes negam sua participação.

No parecer do jurista Dalmo Dallari, cujo teor é ressaltado e publicado por Suplicy, no seu *blog,* está dito o seguinte:

> [...] Com efeito, encontra-se, ali, expressamente, mais de dez vezes, a afirmação de que ele integrou um grupo que se formou e desenvolveu ações "al fine di sovvertire l'ordinamento dello Stato". Na página 26 da decisão da Corte d'Assise di Milano a afirmação dos objetivos políticos é ainda mais pormenorizada, dizendo-se, textualmente, que ele cometeu crimes de "insurreição armada contra os poderes do Estado, de guerra civil e, ainda, por haver feito a apologia de tais delitos, como também por haver feito propaganda, no território do

Estado, para a subversão violenta dos ordenamentos econômicos e sociais do próprio Estado mediante a idealização, a realização e a difusão de um documento contra o Estado (DALLARI, 2009).

Quem está dizendo que os crimes de Cesare Battisti tinham objetivos políticos é o professor Dalmo Dallari e não a Justiça da Itália que, na verdade, o qualifica como terrorista e homicida, pois quem comete insurreição armada contra os poderes de um Estado democrático é, na verdade, um terrorista. Não precisa se aprofundar no tema para saber que se alguém usa armas contra civis em uma democracia – o Estado italiano já vivia uma democracia nos anos 1970 – está cometendo crimes comuns (assassinatos, lesões corporais, roubos etc). É estranho não se falar das inúmeras páginas que reconstroem toda a trajetória do grupo PAC em face dos crimes de morte. Por que, se são os mais graves?

Enquanto para os juízes italianos os antecedentes pesaram na dosimetria da pena, o professor Dalmo Dallari justifica tais atos criminosos pela pouca idade de Battisti e o ambiente em que ele vivia na época, ou seja, mesmo numa democracia, os delitos praticados por Cesare Battisti são suavizados por um brasileiro, que o condena, no entanto, pelo uso de armas:

> [...] Obviamente, para um jurista o recurso a meios armados para a obtenção de objetivos políticos é inaceitável. Entretanto, na avaliação do caso Battisti é importante lembrar as circunstâncias de sua adesão ao grupo. Além de muito jovem, ele certamente foi influenciado pelo ambiente de violência sem que estava mergulhada a Itália, nisso não se diferenciando

os movimentos extremistas de esquerda e de direita. O caminho adotado por ele foi errado, o que, certamente, ele próprio reconhece, mas isso não o transforma num bandido (Op. cit. 2009).

É difícil aceitar esses argumentos. Se é condenado o uso de armas por Battisti e são reconhecidos os meios errados por ele utilizados, por que não aceitar a transformação de Battisti em um assassino diante da questão penal por ele protagonizada? É perdão concedido a Battisti pelo espirituoso Dalmo Dallari! Fica difícil aceitar uma qualificação diversa da que realmente deve ser dada ao fugitivo, em face dos fatos e das provas que estão nos autos arquivados no Poder Judiciário de Milão.

Mesmo reconhecendo que Battisti trilhava o caminho errado, o jurista Dallari não aceita qualificá-lo de "bandido sanguinário". Ataca os magistrados italianos quando contesta as decisões prolatadas, dizendo que a qualificação do acusado é falsa e injusta, conforme a seguir:

> A par desses pontos, o exame das decisões dos tribunais italianos deixa mais do que evidente que é falsa e injusta a qualificação de Cesare Battisti como um bandido sanguinário. Pelo que se verifica analisando o processo, não há uma única prova de que Cesare Battisti tenha atirado em alguém (DALLARI, 2009).

Como devemos qualificar um homem detentor de um passado de crimes de sangue?

A colocação do Jurista desrespeita a Justiça de um País democrático. Tudo isto é um ultraje à memória dos mortos! Uma colocação que merece o repúdio dos homens e mulheres de bem deste País. A prisão de Battisti ocorreu em uma casa, onde havia armas, e na companhia de outros terroristas – fato este registrado pela polícia no mês de junho do ano de 1979. Os homicídios em que ele esteve envolvido não são crimes!

As vítimas foram assassinadas. A Justiça julgou e condenou Battisti como responsável pelos homicídios e outros delitos de menor gravidade.

A sociedade brasileira precisa tomar conhecimento desses fatos ocorridos na Itália, para não ser induzida a erro por argumentos de puro viés ideológico.

O escritor e psiquiatra inglês, Anthony Daniels, colaborador da revista *Dicta&Contradicta*, afirmou, em artigo publicado na revista *VEJA*, edição 2220, que Cesare Battisti, ao escrever um de seus livros, *Les Habits d'Ombre,* narra uma história que guarda semelhança com o assassinato de Antonio Santoro – uma de suas vítimas fatais.

O protagonista do romance é Claudio Raponi, um fugitivo que assassina um agente carcerário. Ele é membro de um grupo esquerdista e mata o agente a sangue-frio. A personagem não demonstra arrependimento pelo crime e continua sua vida normalmente. Curioso é chamar o assassino de Claudio!

É sempre bom lembrar o nome de um dos partícipes do crime do agente Santoro, Claudio Lavazza, que ficou no carro esperando Battisti e Migliorati.

Em nota enviada pelo magistrado italiano Armando Spataro, responsável pela Coordenação do Departamento de Repressão ao Terrorismo, cujo teor foi comentado pelo juiz Wálter Maierovitch no *blog* Terra Magazine - conteúdo endossado pelo jurista e com tradução livre dele, publicado no dia 23 de janeiro de 2009, ele lamenta o abrigo político concedido ao Italiano.

> É difícil para os italianos, efetivamente, compreender como a um tal assassino desse quilate (Cesare Battisti) possa-se conceder abrigo político. É oportuno partir dos fatos para desmentir argumentos frequentemente utilizados por Battisti e pelos seus "amigos". "Battisti não é um extremista (revolucionário) perseguido na Itália pelas suas idéias políticas. Ele é um criminoso comum que cometia roubos para o fim de obter lucro pessoal (apud MAIEROVITCH, 2009).

É desrespeitoso levantar dúvidas sobre fatos provados e devidamente julgados pela Justiça soberana de um país livre. O povo italiano não merece uma agressão como esta do professor Dalmo, quando diz que Battisti não cometeu um só crime que não fosse com objetivos políticos.

O ex-ministro Victor Nunes (STF), na extradição 232 (Cuba), analisando a discussão sobre delitos políticos, disse que não se pode definir como crimes políticos os atos de barbaria ou vandalismo. Seria premiar com a impunidade por meio do benefício do refúgio – "os que menosprezam, desapiedadamente a dignidade humana."

Os processos judiciais nos quais Battisti foi condenado – marcados por barbaria e vandalismo – passaram pelas mãos de 32 juízes italianos. Homens que não sabem julgar? São mafiosos! Como afirmaram alguns amigos de Battisti em artigos distribuídos na mídia brasileira. Não. Nosso País não pode chancelar tais absurdos e albergar entre nós um homem de índole criminosa.

As sentenças estão arquivadas na Justiça de Milão. A Associação Italiana das Vítimas do Terrorismo (AIVITER), cuja sede se localiza em Turim, reproduz por meio do *site www.vittimeterrorismo.it,* documentos oficiais dos processos que Cesare Battisti respondeu perante o Poder Judiciário – além de ser julgado e apenado como assassino, foi julgado e condenado por atos terroristas.

O CASO CESARE BATTISTI | 153

https://it.wikipedia.org/wiki/File:Pietro_Mutti.jpg

Pietro Mutti - um dos líderes da facção armada PAC e amigo íntimo de Cesare Battisti.

https://it.wikipedia.org/wiki/File:Anni_di_piombo.jpg

Deliquentes do grupo PAC – Maurizio Azzolini empunha uma arma de fogo em plena via pública. Milão (1977).

O autor, Alberto Torregiani e a tradutora Paula Queiroz. Alberto ficou paraplégico em face do tiro que recebeu no dia 16 de fevereiro de 1979, na emboscada fatal que vitimou seu pai Pierluigi.

CRIMES DE SANGUE E NÃO CRIMES POLÍTICOS

Os defensores de Battisti argumentam, ainda, que seus crimes foram políticos. No campo penal, há duas espécies deste tipo de delito, o ilícito político próprio, cujos doutrinadores chamam de crime de opinião; e o crime político impróprio, que é o crime comum "travestido" de político por aqueles que o praticam. Exemplo clássico é o assalto a bancos com vistas a obtenção de meios para fomentar organizações políticas clandestinas.

É assim que se intitula Cesare Battisti - um criminoso político e perseguido por um regime fascista – nem na época de seus perversos atos a Itália era um regime de exceção. Nem de longe os crimes praticados por Battisti são políticos. Na verdade, são crimes comuns graves, praticados por vingança.

Estabelece a Constituição da República Federativa do Brasil o seguinte:

> Art. 4º - A República Federativa do Brasil rege-se nas suas relações internacionais pelos seguintes princípios:
>
> [...] VIII – repúdio ao terrorismo e ao racismo;

Se um país repudia o terrorismo, como pode abrigar um terrorista em seu território? Que privilégio é este de Battisti? Um homem já condenado por atos subversivos contra a ordem de um Estado democrático e por quatro assassinatos, jamais poderia receber o benefício de refugiado político.

Não se deve esquecer de que o próprio Battisti reconheceu sua condenação por pertencer ao bando armado PAC. Este grupo tinha como bandeira a subversão do Estado democrático da Itália, ou seja, transforma-lo em um "estado anárquico".

O *caput* do artigo fala em relações internacionais e estabelece em seu inciso VIII o repúdio ao terrorismo e ao racismo. Isto significa que o Estado brasileiro não pactua com atos terroristas. Repudiar é repelir sob todas as formas tais atos – infames, abjetos e vis.

Imagens de atos terroristas praticados por grupos radicais (políticos ou religiosos) fazem lembrar uma cena do filme *Os Intocáveis* – do diretor Brian De Palma, quando a garotinha sai atrás de um indivíduo que deixou uma pasta no interior do bar. A criança fala: "Senhor, esqueceu sua pasta" – a seguir acontece uma explosão.

Existem alguns humanos defendendo a ideia de que estas ações podem ser classificadas como crimes políticos. Estes expedientes são típicos do IRA – Exército Republicano Irlandês, e do ETA – organização que defende a independência do país Basco na região norte da Espanha. Muitos radicais religiosos matam em nome de Deus. Para estes fanáticos, os fins justificam os meios, a violência é só um detalhe.

Uma leitura sobre a morte do policial de Udine comprova a inexistência de qualquer razão de cunho político/ideológico para o crime. O motivo foi vingança. Antonio Santoro foi executado por Cesare Battisti, mas seus defensores dizem que isto é uma motivação política, ou seja, matar um ser humano para vingar-se é crime político.

No caso em foco, a Itália tem o sagrado direito de pleitear a extradição de seu nacional e, assim o fez, dentro da mais escorreita legalidade e, sabem os representantes legais daquele País, que o Brasil é regido por uma legislação que veda claramente o benefício do refúgio a quem comete crimes hediondos e atos terroristas.

Cesare Battisti não é perseguido em seu País por sua raça, grupo social, religião ou opinião política. É procurado porque foi condenado pela prática de crimes hediondos (homicídio), em processo com ampla defesa, contraditório e trânsito em julgado.

Se este entendimento de que a parte requerida define como quer o crime – se político ou não – prevalecer, não há necessidade de vedação legal para determinados delitos. Poderíamos, assim, abrigar qualquer terrorista que alegasse que seus crimes são políticos, claro, desde que encontrasse um ministro que acreditasse na sua história.

Se vivo estivesse, Adolfo Hitler – seus crimes eram políticos segundo sua ideia maldita disseminada na Alemanha nazista – poderia receber abrigo no Brasil. O comandante supremo do III Reich poderia ser albergado em nosso país, bastaria um mero despacho administrativo da autoridade competente dizendo que seus crimes eram políticos. Isto seria um absurdo! No império da lei isso não pode acontecer.

Com o devido respeito, este não é o caminho, tanto que existe, sim, uma lei impedindo a concessão de refúgio para determinados crimes - delitos estes referidos no art. 3º e seus incisos da lei 9474/97.

Este é um ponto em que ninguém quer tocar, pois querem esconder a vedação legal. Em hipótese alguma, porém, assassinatos e atos terroristas podem receber a definição de crimes políticos. Jamais uma autoridade administrativa de um país democrático como o Brasil pode dizer que os assassinatos, da forma como foram perpetrados na Itália por Cesare Battisti, podem ser definidos como crimes políticos. Estas coisas podem ser admitidas em Países como Cuba, Venezuela e Iran, onde não impera a lei, e sim a vontade do governante. O Brasil é uma democracia regida por uma Constituição promulgada pelo Poder legítimo e soberano da sociedade.

O eminente ministro Cezar Peluso, em seu voto no processo de extradição 1085, rechaçou esta argumentação de crimes políticos, sustentada pelos simpatizantes da causa, quando disse:

> A República italiana, na manifestação de fls, 2379-2437, recorda:
>
> Positivamente, o presente pedido tem por fundamento sentenças condenatórias advindas do

cometimento de crimes comuns. Registre-se, de resto, que isso foi reconhecido e proclamado pela Justiça Francesa ao deferir a postulação da república [sic] italiana – formulada nos mesmíssimos fatos de que ora se cuida – para que fosse entregue Cesare Battisti, quando este vivia na França (apud PELUSO, 2009, p. 124).

As infelizes manifestações públicas em prol de Battisti, defendendo o argumento de que seus crimes são políticos, resultam de uma cegueira ideológica totalmente descabida. Palavras injuriosas contra os juízes italianos e um vilipêndio para com os mortos.

Dizer que as provas são falsas, que tudo é fruto de uma perversa perseguição italiana, é não conhecer absolutamente nada dos processos criminais.

Sobre as decisões prolatadas na Justiça francesa e na Corte Europeia contra Battisti, a República da Itália asseverou muito bem o seguinte: "Mas não é menos certo que afastam a estrambótica teoria da conspiração dos Governos da França e da Itália contra o extraditando" (fl. 2430) (apud PELUSO, 2009).

Isto é uma verdade inatacável. O caso foi amplamente debatido na justiça de outro país, no caso a França, que entendeu que os crimes não eram políticos. Na execução de Andrea Campagna, o atirador Battisti, segundo a Justiça de Milão, alvejou a vítima por cinco vezes, depois de surpreendê-la quando esta abria a porta de seu carro. O agente Antonio Santoro foi morto pelas costas por disparos efetuados por Battisti – ambos perpetrados por vingança.

É possível qualificar estas brutais execuções contra os policiais de crimes políticos? Somente defensores motivados por interesses puramente ideológicos, desprovidos de qualquer razão plausível, para justificá-las.

Duas nações livres, a França e o Brasil, em decisões de suas cortes máximas de justiça, entenderam que os crimes imputados a Cesare Battisti eram comuns (homicídios), quando ambas autorizaram a extradição do italiano para a República da Itália – também um berço livre.

Todos os embustes sustentados por Battisti e seus cegos defensores são facilmente derrubados pela leitura das peças processuais – provas cristalinas que permanecem nos autos.

A verdade, muitas vezes, anda lentamente; já a mentira é veloz, mas não se sustenta no tempo. Na página ao lado, os dois ministros do Supremo Tribunal, cujas decisões judiciais impediram a vitória da impunidade no Brasil.

O CASO CESARE BATTISTI | 161

Fotos oficiais do STF.

Ministro Cezar Peluso proferiu voto irretocável no Plenário do STF – autorizando a extradição de Cesare Battisti.

Ministro Luiz Fux decretou a prisão de Battisti para fins da extradição, encerrando a questão no âmbito do Poder Judiciário.

TARSO GENRO
Ministro da Justiça do Brasil
Concedeu refúgio político ilegal a Cesare Battisti

A CONCESSÃO DO REFÚGIO POLÍTICO

A República da Itália, ao tomar conhecimento da prisão, em solo brasileiro, do fugitivo Cesare Battisti, protocolizou um pedido de extradição junto ao Supremo Tribunal Federal, por entender que o italiano, sendo um terrorista e homicida condenado pela Justiça de seu País, deveria ser recambiado para cumprimento da pena imposta.

O ministro Cezar Peluso, disse que o Estado italiano cumpriu a legalidade ao protocolizar a súplica:

> O pedido de extradição passiva, de caráter executório, formulado pela República Italiana com fundamento em tratado firmado com a República Federativa do Brasil e, devidamente, instruído com os documentos mencionados no art. 80 do estatuto do Estrangeiro, está em harmonia com a ordem jurídica brasileira (PELUSO, 2009, p. 3).

A República da Itália fez o devido pedido de extradição junto ao Supremo Tribunal Federal, seguindo o rito legal imposto pela legislação brasileira, além de juntar a documentação exigida para o ato.

Sucede, porém, que o fugitivo Cesare Battisti ingressou com um pedido administrativo no Ministério da Justiça, pleiteando a concessão de refúgio político, depois de ter sido preso no Brasil.

Logo a seguir, são postos alguns motivos usados pelo ex-ministro da Justiça Tarso Genro, quando de sua manifestação nos autos do processo n° 08000.011373/2008-83, ao conceder o refúgio suscitado.

A decisão de conceder refúgio político a Cesare Battisti materializou-se em grau de recurso, ou seja, o CONARE - Comitê Nacional para Refugiados – órgão técnico que examina os pedidos de refúgio, havia negado a concessão, portanto, Genro foi contra o próprio Comitê; a legislação garante esta prerrogativa.

A lei brasileira 9474/97 proíbe expressamente a concessão de refúgio a quem comete crime hediondo e atos terroristas, e esse impedimento, está estampado no art. 3°, *verbis*:

> Art. 3° Não se beneficiarão da condição de refugiado os indivíduos que:
>
> III - tenham cometido crime contra a paz, crime de guerra, crime contra a humanidade, crime hediondo, participado de atos terroristas ou tráfico de drogas;

Mesmo assim, ignorando a vedação que impedia a concessão do refúgio, Tarso deferiu o pedido. O que revela uma afronta à própria legislação brasileira que trata especificamente da matéria e cabal demonstração de que seu ato foi carregado de paixão ideológica, uma vez que

Battisti é condenado no seu país especificamente por crimes de homicídios e atos terroristas.

O último artigo da legislação regulamentadora do refúgio reporta-se à interpretação de seus dispositivos, e veda a concessão quando em desarmonia com os demais mandamentos de respeito pela humanidade e contrárias aos acordos internacionais que o Brasil chancelou. Isto foi ignorado.

O Brasil é signatário da Declaração Universal dos Direitos Humanos, de 1948, e seu artigo XIV diz que não pode ser invocado o direito de perseguido político quando praticados crimes comuns.

Existe um tratado específico de extradição com a Itália. No documento firmado pelos dois países, está escrito que nenhum signatário questionará a decisão judicial proferida no Estado de origem do extraditando. Foi para impedir a extradição que Tarso Genro concedeu o refúgio, fazendo indevidas críticas às decisões da Itália.

A decisão outorgada é ato administrativo e pode ser revista pelo Judiciário, principalmente pelo fato de ter sido concedida em total afronta à lei, como de fato foi, inclusive, sendo rechaçada por ocasião do julgamento da extradição 1085, no plenário de nossa Corte maior de justiça.

Existem juristas defendendo a ideia de que o Supremo Tribunal Federal não poderia mais apreciar a matéria em face do art. 33, que reza pela descontinuidade do processo de extradição quando o benefício do refúgio é outorgado pelo Poder Executivo.

É uma visão estreita da regra jurídica brasileira, pois jamais, no atual regime democrático, é admissível que um ato vinculado à lei deixe de ser objeto de apreciação do Poder Judiciário para a devida reparação.

No presente caso, a outorga de refúgio político feriu a lei 9474/97, portanto, o Supremo tem o poder de cassar qualquer ato administrativo que afronte a legislação vigente, ao mesmo tempo, decidir o que é legal dentro do nosso ordenamento jurídico.

Ademais, o reconhecimento da condição de refugiado constitui ato vinculado aos mandamentos da lei e não mero ato discricionário da autoridade administrativa, pois a lei define claramente as hipóteses em que o refúgio pode ser deferido.

A decisão do ministro da Justiça, em caso de concessão de refúgio político, só não é passível de recurso na esfera administrativa, mas não foge ao controle jurisdicional, sobretudo para observância dos requisitos da legalidade.

Nesta matéria *sub oculi*, a palavra final é do Supremo, pois o assunto é de sua exclusiva competência. Assim estabeleceu a Constituição Federal. Ninguém mais pode falar. Infelizmente, a decisão de extradição não foi cumprida.

O outorgante argumentou que concedeu refúgio a um perseguido político, tendo em vista que a Itália não noticiou a condenação de Battisti por crimes impeditivos do reconhecimento da condição de refugiado. Assim se manifestou no tópico 42:

> Por fim, assinala-se que não há impedimentos jurídicos para o reconhecimento do caráter de refugiado do Recorrente. Embora se reporte a diversos ilícitos que teriam sido praticados pelo Recorrente, **em nenhum momento o Estado requerente noticia a condenação do mesmo por crimes impeditivos do reconhecimento da condição de refugiado**, estabelecidos no art. 3º, inc. III, da Lei nº. 9.474/97, o que importa no afastamento das vedações estabelecidas no citado comando legal (GENRO, 2009).

Logo no item seguinte, ele mesmo desdiz a justificativa de seu ato favorável ao refúgio, uma vez que fala dos homicídios e levanta profunda dúvida sobre a legalidade dos fatos. A Itália noticiou os crimes, e eles são impeditivos da concessão de refugiado a quem os pratica.

> Concluo entendendo, também, que o contexto em que ocorreram os delitos de homicídio imputados ao recorrente, as condições nas quais se desenrolaram os seus processos, a sua potencial impossibilidade de ampla defesa face à radicalização da situação política na Itália, no mínimo, geram uma **profunda dúvida** sobre se o recorrente teve direito ao devido processo legal (Op.cit. 2009).

Fica difícil entender as colocações da autoridade brasileira que outorgou o refúgio, em face da incoerência dos argumentos. A lei brasileira não permite a quem comete crimes hediondos e atos terroristas viver entre nós sob a proteção do *status* de refugiado político.

Os crimes de homicídio foram noticiados e provados por meio de investigações criminais que seguiram o devido processo legal. Cada assassinato foi detalhado nos autos da extradição, com as respectivas decisões e acórdãos condenatórios.

O ministro Cesar Peluso, do STF, provou com clareza que a República da Itália juntou a devida e insuspeita documentação sobre os crimes de morte, portanto, não há o que se falar em falta de informações sobre os crimes de homicídio.

O processo de extradição nº 1085 está acostado de toda a documentação legal exigida pela lei para trâmite no Supremo Tribunal Federal. O pedido anexou cópias das decisões italianas: do 1º Tribunal do Júri de Milão (fls. 108/400); do 1º Tribunal do Júri de Apelação de Milão (fls. 404/531); da Corte de Cassação (fls. 538/571) e do 2º Tribunal do Júri de Apelação de Milão (fls. 572/620).

Causa admiração, ainda, ler as argumentações do ex-ministro Tarso no tópico 35, quando fala do reconhecimento político na França, que nunca existiu formalmente, *in verbis*:

> O Brasil, em vista desses acontecimentos políticos (mormente a mudança de governo na França), passou a ser "depositário" de um cidadão, de fato expulso de um território por decisão política, que se contrapôs à decisão anterior, a qual havia o reconhecido como perseguido político (GENRO, 2009).

Paciência! Battisti declarou que fugiu da França, que nunca o reconheceu definitivamente como um perseguido político. Causa espanto que um advogado brilhante como foi Tarso Genro nos fóruns do Rio Grande do Sul, sobretudo, na área trabalhista, tenha se deixado envolver pelo caminho da ideologia. Realmente, o então Ministro não deu a devida importância às decisões judiciais das cortes italianas, pois os crimes julgados são homicídios e atos terroristas. Esqueceu as vedações legais sobre o caso. O homicídio qualificado no Brasil é crime hediondo, por força da lei 9072/90, assim sendo, o refúgio jamais poderia ter sido concedido.

As razões invocadas para falar de insegurança e risco de morte que pode correr o suplicante do refúgio são totalmente descabidas. Se os maus italianos quisessem matar Battisti teriam feito quando ele esteve preso, e isto não ocorreu, tanto que sobreviveu ao cárcere e, quando "ganhou" a liberdade, fugiu e está vivo entre nós.

A colocação sobre receio de perseguição é infundada, nunca existiu perseguição política contra os ativistas, o que existiu foi um devido processo legal para apurar delitos graves praticados e reivindicados pelo grupo PAC.

O pedido de extradição é uma requisição do Estado italiano, aliás, foi solicitado durante a gestão de um líder de esquerda, o presidente Giorgio Napolitano.

Infelizmente, alguns desavisados desconhecem tal procedimento e ficam discorrendo comentários tolos sobre o tema, chegando a afirmar que tudo não passa de manobra política da direita italiana e de fascistas.

Em reportagem publicada na Revista *Carta Capital* – edição 646, o presidente italiano Giorgio Napolitano asseverou o seguinte:

[...] o Estado italiano derrotou o terrorismo "dentro da legalidade, como democracia habilitada a se defender sem perder a natureza. Isso tudo há de ser argumentado e reiterado diante dos resíduos de preconceitos e mistificações que pesam, por exemplo, na relação entre Brasil e Itália, no episódio até agora incompreensivelmente suspenso a envolver o terrorista Cesare Battisti (NAPOLITANO, 2011).

Foi uma decisão infeliz a concessão do refúgio. No final de seu ato, invocou a lei desprezada para fundamentar seu parecer:

> Por consequência há duvida razoável sobre os fatos que, segundo o Recorrente, fundamentam seu temor de perseguição.
>
> Ante o exposto, DOU PROVIMENTO ao recurso para reconhecer a condição de REFUGIADO a CESARE BATTISTI, nos termos do art. 1º, inc. I, da Lei nº. 9.474/97 (GENRO, 2009).

Não é preciso ser jurista para perceber que o ato violou a legislação, porque o reconhecimento de refugiado a Cesare Battisti foi feito sem fundamentação legal. Aliás, o Relator da extradição, em seu voto, o qualificou de ato inválido, sem nenhum efeito jurídico, por entender que o ato é vinculado ao que determina a lei dos refugiados e não mera vontade de quem concede a outorga.

Somente no Brasil foi concedido formalmente refúgio político a um homem com um passado manchado por crimes. Talvez o único na história das nações civilizadas a receber as graças do refúgio como benefício pela prática de crimes hediondos, além de ser definitivamente condenado pela Justiça de seu País de origem. Entrou no solo brasileiro com passaporte falso, ou seja, pisou no Brasil e já cometeu mais um delito.

Na cidade de Paris, Battisti viveu por quase 14 anos. Ele nunca teve cidadania francesa, mas era protegido por amigos influentes.

A EXTRADIÇÃO NA FRANÇA E NO BRASIL

Cesare Battisti nunca foi reconhecido legalmente como asilado político durante os anos que viveu na França. Na verdade, gozava de tolerância do então presidente François Mitterrand, que o protegeu a pedido de intelectuais que frequentavam os salões do poder, mas não ousou lhe conceder a condição de asilado. Esta condição de informalidade foi continuada no governo do presidente Jacques Chirac durante nove anos.

Por que Mitterrand não formalizou seu ato? Ele era o presidente da França, homem que se apresentava como um político socialista e, mesmo assim, seu governo não concedeu asilo a uma pessoa que se dizia perseguida por motivos políticos. Estranho, não? É a pergunta que fica neste livro.

Esta informalidade é lembrada pelo outorgante do refúgio no Brasil, no parágrafo 33:

> O Recorrente, em suas próprias palavras, teria permanecido na França se pudesse, onde inclusive formulou pedido de naturalização e gozava de asilo político informal (GENRO, 2009).

Se Battisti é o inocente que diz, na França não acreditaram nele. Depois do fim da era Mitterrand, ocorrida no dia 17 de maio de 1995, o "asilado" ainda permaneceu na França sob o regime de Jacques Chirac, o qual é agredido gratuitamente pelos simpatizantes do fugitivo, como sendo o responsável pela extradição final concedida ao Estado italiano em 2004.

Se Chirac é o corrupto pintado pelos apoiadores de Battisti, seu estilo não foi acolhido pela Justiça francesa, uma vez que, durante nove anos, permaneceu "asilado informalmente" em Paris, isso, em pleno domínio político de Jacques Chirac. Este fato por si só demonstra que jamais houve perseguição política na França contra o italiano.

O que houve foi o julgamento do pedido de extradição formulado pela República da Itália, que foi amplamente discutido nas cortes judiciais do País e alvo de apreciação pela Corte Europeia de Direitos Humanos em sede de recurso interposto pela defesa de Cesare Battisti.

A decisão favorável à extradição de Battisti para a Itália, prolatada pela Justiça francesa, percorreu todas as instâncias e foi objeto de debate no Conselho de Estado da França. Todos os recursos possíveis foram apresentados pelos seus advogados.

O Tribunal de Recursos de Paris, em 30 de julho de 2004, decidiu manter a extradição, cuja decisão foi confirmada pelo Supremo Tribunal de Justiça francês em 13 de outubro de 2005. Por último, a Corte Europeia de

Direitos Humanos, no dia 12 de dezembro de 2006, analisou o processo e não acatou os argumentos dos defensores de Battisti.

Nenhuma ilegalidade foi detectada nos procedimentos contra o extraditando, seja na França ou na Itália. Parte da decisão do Tribunal francês está no voto do relator Cezar Peluso, *in verbis*:

> **Rejeita** os argumentos alegados nos relatórios apresentados pelos advogados de defesa do extraditando;
>
> **Julga cabível deferir favoravelmente** o pedido de extradição apresentado pelo Governo da Itália contra:
>
> **CESARE BATTISTI**, nascido aos 18 de dezembro de 1954 em Cisterna di Latina (Itália), cidadão italiano (fls. 2461-2462) (apud PELUSO, 2009, p. 124-126).

Diante do esgotamento dos recursos legais perante os órgãos de Justiça da França, a defesa de Cesare Battisti bateu às portas da Corte internacional, sediada em *Strasbourg,* alegando violação a direitos humanitários, embasando seu pedido no § 1º do art. 6º da Convenção Europeia de Salvaguarda dos Direitos Humanos. A decisão foi contrária ao que foi postulado, portanto, um Tribunal Internacional examinou a causa e não viu nenhuma ilegalidade nas decisões francesas, tampouco, nos procedimentos judiciais condenatórios que tramitaram na Justiça italiana.

No voto do Relator, consta a decisão unânime da Corte Europeia de Direitos Humanos e reproduzida a seguir:

> [...] A Corte, tendo vista as circunstâncias do caso, constata portanto que o Recorrente estava manifestamente informado sobre e a acusação contra ele, bem como o andamento do processo perante a Justiça italiana, mesmo encontrando-se foragido. Por outro lado, o Requerente, que tinha voluntariamente decidido permanecer foragido após sua fuga em 1981, era de fato assistido por vários advogados especialmente escolhidos por ele durante o processo. Relativamente a este último ponto, a Corte observa, além do mais, que ele teria encontrado na preparação da sua defesa junto aos seus advogados escolhidos (Hermi, supracitado, §§ 96-97).
>
> À luz de quanto acima afirmado, a Corte considera que era lícito às autoridades judiciárias italianas em primeiro lugar e às autoridades francesas em seguida, concluir que o Requerente tinha renunciado de maneira inequívoca a seu direito de comparecer pessoalmente e de ser julgado em sua presença.
>
> Ela observa, por fim, que emerge de maneira expressa da sentença particularmente fundada proferida pelo Conselho de Estado em 18 de março de 2005, que as autoridades francesas levaram devidamente em conta todas as circunstâncias envolvendo a questão e a jurisprudência da Corte para considerar legítima o pedido de extradição apresentado pelas autoridades italianas.

> Conclui-se que o pedido é claramente infundado nos termos do artigo 35 § 3º da Convenção e que deve ser rejeitado conforme determina o artigo 35, § 4º.
> Por esses motivos, a Corte, por unanimidade,
>
> *Declara* negado o pedido (fls. 2532-2533) (apud PELUSO, 2009, p. 126-127).

No Brasil, foi julgada a extradição 1085 requerida pela República da Itália contra o seu nacional Cesare Battisti. A matéria foi apreciada no plenário do Supremo Tribunal Federal, que, por cinco votos a favor e quatro contra, autorizou a extradição de Battisti, portanto, em mais uma instância judicial de uma nação livre, o pedido italiano foi acatado. Esta súplica foi deferida no ano de 2010.

A decisão brasileira se soma às demais já prolatadas nas instâncias da França. Não é possível que os simpatizantes da causa de Battisti passem a alegar que tudo foi uma conspiração também no nosso País.

O jurista e ex-ministro do Supremo Tribunal Federal, Paulo Brossard, em artigo que publicou no *Jornal Zero Hora*, em 31 de janeiro de 2011, entende que se a extradição é decidida pala Corte maior, o presidente da República tem a obrigação de extraditar:

> Tendo sido encaminhado ao Supremo Tribunal Federal o pedido de extradição formulado pelo Estado italiano, processada a querela, a decisão derradeira seria da Corte Suprema, como se lê na Constituição, artigo 102, "compete ao Supremo Tribunal Federal, precipuamente a guarda da Constituição cabendo-lhe: I - processar e julgar originariamente g) a

extradição solicitada por Estado estrangeiro". Foi o que se deu, tendo o Supremo Tribunal determinado que, quanto à entrega do extraditando, o presidente da República tinha obrigação de agir nos termos do tratado firmado entre o Brasil e a Itália.

Ora, tratando-se de competência originária e cabendo ao Tribunal Supremo processar e julgar a extradição, nele começa e termina o julgamento da extradição requerida, pois só a ele compete processar e julgar a extradição requerida. Em matéria de extradição, em lei alguma se reserva atribuição à Advocacia-Geral da União. De mais a mais, convém lembrar que o presidente da República não é parte do processo de extradição. Partes são o requerente e o extraditando (BROSSARD, 2011).

Não foi o que aconteceu no presente caso. Assistimos a um jogo televisivo em total desrespeito até em relação ao encarcerado Battisti, pois, mesmo que este não quisesse ir para a Itália, sua situação jurídica merecia pressa; a decisão judicial já fora tomada, portanto, não restaria outro caminho senão extraditá-lo. Novamente, parte do artigo de Paulo Brossard:

> Quando o ex-presidente, no último dia de seu mandato, praticamente "recorreu" da decisão do Supremo Tribunal Federal para um serviço de assessoramento do Poder Executivo, embora não houvesse recurso, na prática "cassou" o acórdão do Supremo Tribunal, prolatado em processo originário e portanto irrecorrível. Ainda mais, o então presidente da República deixou de observar o

expresso na ementa do acórdão da extradição, aliás, transitado em julgado:

[...] Obrigação apenas de agir nos termos do Tratado celebrado com o Estado requerente.

[...] Decretada a extradição pelo Supremo Tribunal Federal, deve o Presidente da República observar os termos do Tratado celebrado com o Estado requerente, quanto à entrega do extraditando (Op. Cit. 2011).

A leitura deste texto, no acórdão do Supremo Tribunal Federal, não deixa nenhuma dúvida quanto à obrigação de cumpri-la pelo Chefe do Executivo.

Por trás de tudo isso está uma verdadeira esquizofrenia de alguns políticos travestidos de democratas. Pregam para o povo menos escolarizado e se vestem de salvadores da pátria. São atitudes como estas que nos situam diante do mundo como retrógrados de primeira grandeza.

A fala de Cesare Battisti é maior do que tudo? As decisões das instâncias judiciais da Itália, das cortes francesas e da Corte de *Strasbourg*, estão abaixo da sua palavra?

O voto do ministro Peluso, cujo relatório foi acolhido pela maioria dos seus excelentíssimos colegas Ellen Gracie, Ayres de Brito, Gilmar Mendes e Ricardo Lewandowski, cujos votos enriqueceram mais ainda a decisão final de extradição concedida no Brasil, também está aquém da palavra do Italiano?

Não, não pode! Seria um delírio acreditar somente na palavra de um homem fugitivo e de passado criminoso.

A ministra Ellen Gracie, quando proferiu seu voto, disse o seguinte:

> Gostaria, ainda, senhor Presidente, de acrescentar que também no julgamento de processos extradicionais a Casa tem limitações muita restritas. Nós examinamos a legalidade do pedido. Nós não adentramos como não poderíamos fazer, no reexame e rejulgamento ou uma atividade revisional dos atos soberanos da magistratura de outro país. Aqui, também, impõe-se a este Supremo Tribunal o respeito pela soberania alheia (GRACIE, 2009).

Faltou respeito para com o Judiciário da Itália na concessão do refúgio. Nossas autoridades administrativas ignoraram tudo. A decisão judicial de um país democrático foi jogada no lixo.

Fica na memória, também, uma frase do ministro Ayres de Brito, na oportunidade em que, no plenário do Supremo, quando da primeira sessão de julgamento do pedido de extradição, olhou para seu colega relator e disse: – Vossa Excelência me convenceu.

Se a maioria não tivesse seguido o voto do ministro Cezar Peluso, uma injustiça teria sido cometida na mais alta Corte judicial do Brasil.

Ao decidir pela extradição de Battisti, o STF brasileiro não se curvou diante da ideologia política. Infelizmente, não teve a mesma posição quando decidiu pela não obrigatoriedade do Chefe do Executivo para entregar o súdito italiano.

Diversamente do Brasil, as autoridades do governo francês de então cumpriram o que determina a lei, e acataram a decisão judicial autorizando a extradição de Cesare Battisti para cumprir sua sentença criminal no território italiano. A decisão de extraditá-lo sepulta qualquer argumentação a favor do fugitivo no sentido de que um dia ele foi agraciado com a cidadania francesa – um desejo jamais concedido a um homem cujas mãos estão sujas de sangue.

No Brasil, igualmente, sujaram suas mãos e mancharam suas trajetórias aqueles que usaram seus cargos na República para proteger e abrigar um assassino e terrorista condenado.

Fica muito difícil explicar para alguém a não extradição de Cesare Battisti depois que a justiça acatou o pedido da República da Itália. Um mero capricho político pesou mais do que a decisão dos juízes da Corte Suprema brasileira.

A negativa de entrega do italiano foi muito bem sintetizada pela vítima sobrevivente Alberto Torregiani, que sem dúvida, vive o drama mais amargo da violência destilada pelo bando assassino PAC. "Nós, as vítimas do terrorista Battisti, fomos humilhados duas vezes".

LUIZ INÁCIO LULA DA SILVA
Presidente da República Federativa do Brasil
Negou a extradição de Cesare Battisti.

A PROTEÇÃO NO BRASIL

O ex-presidente, Luiz Inácio Lula da Silva, então governante de um País democrático e regido por uma Constituição, não poderia jamais ter deixado de extraditar Cesare Battisti. Foi um erro político que dificilmente será reparado.

Ao endossar os argumentos dos séquitos defensores que abraçaram a causa do terrorista, descumpriu a decisão do STF, além de agir com total desprezo pelos familiares das vítimas assassinadas – para não falar na quebra do tratado bilateral entre os dois países.

Os argumentos levantados pela Advocacia-Geral da União, insinuando que se Battisti voltasse para a Itália seria perseguido politicamente, é uma brincadeira de mau gosto. A ideologia foi posta acima da lei.

Um parecer técnico não pode ser, nem aqui nem alhures, maior do que a decisão por maioria de nossa Corte suprema. O parecer praticamente foi no mesmo sentido da decisão de outorga do refúgio – considerado ato inválido pelo STF.

O "decreto" oficial foi assinado no último dia de seu mandato, revelando, assim, a falta de segurança no ato, pois Cesare Battisti estava preso, e a resposta deveria ter sido rápida e firme, o que não aconteceu.

A democracia é o exercício da liberdade, da obediência às leis e, sobretudo, do cumprimento das decisões judiciais. No caso ora analisado, tudo isto foi desprezado, como se vivêssemos em uma nação governada tão-somente pela vontade do mandatário.

Na última sessão plenária, ocorrida no dia 8 de junho de 2011, o próprio Supremo entendeu por seis votos a três que o presidente Lula não estava obrigado a cumprir a extradição. Alguns ministros sustentaram a decisão de não extraditar o Italiano como sendo um ato de soberania. Com o devido respeito, isto (soberania) não estava em votação.

Foi a primeira vez, na história da República Federativa do Brasil, que um presidente deixou de cumprir uma extradição autorizada pelo Supremo Tribunal Federal. Nem durante os governos militares, sucedidos entre os anos de 1964 a 1985, isso aconteceu, como bem lembrou a ministra Ellen Gracie.

O relator, no segundo julgamento, foi o ministro Gilmar Mendes, cujo voto a favor da obrigatoriedade do cumprimento da decisão de extraditar Cesare Battisti foi vencido por seus colegas. A ministra Ellen Gracie e o presidente Cezar Peluso acompanharam o Relator.

A Constituição brasileira (1998) diz que compete ao Supremo processar e julgar os pedidos de extradição.

O inciso I do artigo 102 diz **processar e julgar**. Com o devido respeito, não cabe outro olhar jurídico senão DECIDIR. Quem julga decide, e decisão judicial é para ser cumprida, seja de qualquer instância e, no caso, emanada da mais alta Corte.

O relator Gilmar Mendes, durante a sustentação de seu voto, disse por diversas vezes que, se o Supremo não pode manter a palavra final em matéria de extradição, é melhor suprimir tal competência do Tribunal, deixando-a tão somente para o âmbito do Poder Executivo. Uma ideia a ser estudada. Evitaria tantos desgastes.

Ao final, quando proclamou o resultado, o presidente Cezar Peluso disse o seguinte: "O presidente Lula descumpriu a lei e a decisão do STF".

A permanência de Cesare Battisti no território nacional é um incentivo à impunidade, tão escancarada diante de nossos olhos. Fica difícil se explicar perante a comunidade internacional. O Brasil é visto como o paraíso dos corruptos; o esconderijo preferido de traficantes de drogas e o lugar perfeito para exploração sexual de menores. Uma verdade que dói muito.

Um registro contingencial mostra o quanto pesou a ideologia política neste assunto. Durante os Jogos Pan-americanos de 2007, realizados no Brasil, os boxeadores cubanos, Guillermo Rigondeaux e Erislandy Lara, fugiram da concentração em busca de liberdade. Menos de 48 horas depois do fato, estavam sendo devolvidos e deportados para Cuba. Eram dois jovens que queriam fugir da ditadura de Fidel Castro, mas não receberam de nossas autoridades a menor atenção possível. A lei dos refugiados não foi obedecida neste episódio. Diferentemente de Battisti, que, mesmo com passaporte falso e condenado por crimes comuns, recebeu a outorga de refugiado.

Também é bom frisar que os argumentos de violação de direitos humanitários suscitados pelo presidente Lula, na época, para justificar a não extradição do condenado italiano, colidem com sua postura ante a situação do também cubano Orlando Zapata Tamayo, de 42 anos, que morreu de fome em uma prisão de Cuba – sua mãe, Reyna Tamayo, recebeu o Prêmio Atreju 2010 do governo da Itália por sua luta pela liberdade dos perseguidos políticos da ilha caribenha.

O regime homicida do déspota Fidel Castro não permitiu sequer que os amigos se despedissem de Zapata, ameaçando-os de prisão caso comparecessem ao enterro. Um grupo de dissidentes tentou uma audiência com Lula, quando este esteve na capital, Havana, para pedir ajuda na libertação de presos políticos, mas não foi possível, o ex-presidente recusou a súplica dos oprimidos.

O que leva um governo a dá exagerada proteção a um caso como este? O que existe por trás de tudo isto? Por que o Brasil se destaca na proteção de terroristas? É vergonhoso viver neste reinado de desrespeito, nesta libertinagem que valoriza malfeitores.

Na verdade, existe uma rede ideológica de proteção a Battisti, fincada aqui no Brasil, dando-lhe proteção jurídica e comungando com seus argumentos falaciosos, elevando-o à condição de celebridade e financiando sua permanência em território brasileiro. Ele possui um Visto concedido pelo governo do ex-presidente Lula, portanto, não tem cidadania brasileira – a qualquer tempo este visto pode ser revogado.

Cesare Battisti não é refugiado político no Brasil, ele vive com um Visto de Permanência, também concedido violando a lei 6.815/80. Esta imoralidade foi graças ao então presidente Lula que o brindou com mais uma ilegalidade. A concessão do Visto foi questionada pelo Ministério Público Federal e está em grau de recurso.

Na sentença exarada pela magistrada Adverci Rates, da 20ª vara federal de Brasília, este ato foi declarado nulo. Vejamos:

> "Ante o exposto, JULGO PROCEDENTE O PEDIDO para declarar nulo o ato de concessão de permanência de Cesare Battisti no Brasil e determinar à União que implemente o procedimento de deportação aplicável ao caso."

A decisão da magistrada é mais uma prova das argumentações aqui mostradas contra a imoral e ilegal proteção ao terrorista aqui no Brasil. Causa estranheza a proteção recebida no mundo jurídico e no meio político.

Quando tomou conhecimento da prisão do fugitivo italiano em solo brasileiro, o então Premier Silvio Berlusconi fez o possível para extraditar Battisti; tentou na seara política dialogar com o então governo Lula, mas as portas foram fechadas. A então ministra da juventude Giorgia Meloni, atualmente Premier da Itália, denunciou a ilegal proteção edificada no Brasil e foi uma voz permanente na luta contra o terrorista, merecendo destaque o seu incansável trabalho.

Nas páginas seguintes ressalto figuras públicas que merecem reconhecimento. As ideologias políticas ficaram para trás. O que sempre interessou foi a busca por justiça.

Di Kasa Fue - Opera propria, CC BY-SA 4.0, https://commons.wikimedia.org/w/index.php?curid=125060821

O então Ministro do interior Matteo Salvini, agradeceu publicamente a colaboração do Brasil na extradição do terrorista, tendo atuado diretamente no traslado de Battisti para o cárcere italiano

https://upload.wikimedia.org/wikipedia/commons/5/57/Sílvio_Berlusconi_%282010%29.jpg

"Não posso declarar guerra ao Brasil por este fato. Este fato não tem a ver com a nossa relação, mas diz respeito à justiça, e por justiça lutaremos." (Silvio Berlusconi)

Foto oficial do presidente Michel Temer divulgada pelo Palácio do Planalto — Foto: Beto Barata/PR https://commons.wikimedia.org/wiki/File:Michel_Temer_(foto_oficial).jpg

Michel Temer assinou o Decreto de Extradição do fugitivo Cesare Battisti

Di Governo italiano - www.governo.it, for the license see here, CCBY3.0it, https://commons.wikimedia.org/w/index.php?curid=130399752 - Ritratto ufficiale di Giorgia Meloni, 2023

Giorgia Meloni não mediu esforços para que a Justiça triunfasse no caso Cesare Battisti

O presidente do Brasil, JAIR BOLSONARO, disse publicamente que o terrorista Cesare Battisti seria extraditado para a Itália.

A CONFISSÃO DO TERRORISTA

Cesare Battisti foi detido na noite de 12 de janeiro de 2019, quando passeava tranquilamente pelas ruas de Santa Cruz de La Sierra, na vizinha Bolívia. O terrorista italiano estava no Brasil desde o ano de 2004, depois de fugir da França para não ser extraditado para a Itália.

Após uma longa batalha judicial, entre prisões e solturas, recebeu finalmente o Visto de Permanência outorgado pelo ex-presidente Lula, isto no apagar das luzes do mandato do petista, que assinou o ato no dia 30 de dezembro de 2010, premiando o cínico bandido mais uma vez. A indecência foi continuada durante a gestão de Dilma Rousseff, que nunca cogitou cumprir a decisão do Supremo Tribunal Federal que autorizava a extradição, mesmo sabedora dos atos criminosos de Battisti.

Com seus tutores no poder, ele ficou tranquilo e viveu os anos seguintes no interior de São Paulo. Não se sabe como custeava suas despesas; mas levava uma vida de playboy, bebendo cerveja e apreciando a liberdade. Foi tratado como revolucionário do proletariado, sendo recebido em eventos universitários na condição de injustiçado e perseguido político. Foi grotesca sua entrevista ao jornalista Mário Conti no programa Diálogos da Globo News. Lembro quando disse: "nunca matei ninguém". Além de ser um assassino frio sempre foi um farsante. Tal situação transformou o Brasil em um refúgio seguro para criminosos internacionais, diminuindo nossa importância e nossa credibilidade no exterior.

A simples passagem do tempo indicava que o terrorista havia conseguido seu grande objetivo: viver impune no Brasil. Era o melhor dos mundos. Morar em um país tropical desfrutando da tão sonhada liberdade. Em face da abertura do processo de *impeachment* contra a presidente Dilma Rousseff, ocorrido no final do ano de 2015, os rumos políticos começaram a mudar e, percebendo estas mudanças, Cesare Battisti passou a temer dias piores. Era o começo do fim de uma longa proteção política conquistada com mentiras e desfaçatez.

Diante do novo cenário, veio a cassação do mandato de Dilma em agosto de 2016, o que levou o terrorista a planejar novas escapadas. Ao tentar atravessar a fronteira com a Bolívia, foi preso pela Polícia Rodoviária Federal durante uma blitz de rotina no dia 4 de outubro de 2017, quando portava vultuosa quantia – dólares e euros. Diante da acusação de evasão de divisas, o juiz Odilon da Silveira da 3ª Vara Federal de Campo Grande, decretou a prisão preventiva por entender que houve tentativa de fuga. Infelizmente, dois dias depois, foi posto em liberdade por decisão do Desembargador José Marcos Lunardelli do Tribunal Federal da 3ª Região.

Mais uma vez em liberdade, voltou para São Paulo; mas no fundo sabia que a proteção começava a ruir. O vetor decisivo, isto no campo político, foi eleição de Jair Bolsonaro, resultado que mudou radicalmente os planos do assassino para fincar residência permanente no Brasil. Já era tempo de encerrar esta longa agonia; o vai e vem de prisões e solturas manchava ainda mais a imagem do nosso país mundo afora. O presidente eleito defendia publicamente a extradição, e isto colaborou para que o então mandatário Michel Temer desse celeridade ao caso. Diante dos acenos do futuro chefe do Executivo, surgiram rumores da possível assinatura do decreto de extradição de Cesare Battisti. A imprensa vinha noticiando; o que deixou o italiano apreensivo e, para não ser novamente detido, o terrorista fugiu, provando para toda a sociedade brasileira que seus crimes de fato existiram e que não era um refugiado, e sim um terrorista.

No afã de protegê-lo judicialmente, a defesa de Battisti ingressou com *Habeas Corpus* no Supremo Tribunal Federal, suplicando tutela protetiva para impedir a possível extradição. O ministro Luiz Fux, ao despachar o pedido conjuntamente com a Reclamação nº 29.066, que suplicava a prisão para fins de extradição, resolveu decretar a prisão preventiva do foragido. A decisão judicial, publicada em 12 de dezembro de 2018, foi vital para o desenlace final do longo e cansativo embate nos tribunais. A manifestação era de um juiz da mais alta Corte brasileira, e isto despertou novamente o entusiasmo dos que lutavam há décadas para ver o retorno do terrorista para a Itália.

A decisão do ministro Luiz Fux impediu mais uma manobra jurídica para deixar livre o desalmado italiano. Se tivesse conseguido o seu intento estaria rindo descaradamente de todos nós, vivendo às custas dos companheiros despudorados. Seria o triunfo da facção criminosa e, ao mesmo tempo, o sepultamento da virtude. A Justiça, enfim, silenciou o malfeitor Battisti. Dois dias depois de publicada a ordem de prisão, o presidente Michel Temer assinou o Decreto de Extradição. Infelizmente, a fuga do terrorista impediu o cumprimento do decreto e a entrega do súdito estrangeiro ao governo da Itália. A Polícia Federal fez várias operações de buscas, mas não o encontrou. Que nação seria o Brasil se optasse por manter tal situação? A democracia brasileira e a alternância do poder foram fundamentais para restaurar nossa credibilidade.

A mudança de eixo da política de governo implantada no Brasil encerrou definitivamente a imoral acolhida dada ao sanguinário fugitivo. O presidente Jair Bolsonaro sempre foi favorável a extradição do homicida Battisti, mesmo quando era deputado federal. Desde o abrigo ilegal concedido pelo governo Lula, o então parlamentar fez inúmeros pronunciamentos com duras críticas a cobertura edificada pelos setores da esquerda. O ex-ministro do interior da Itália, Matteo Salvini, agradeceu a colaboração do governo do presidente Bolsonaro, que tudo fez para que não houvesse surpresas; mostrando como a política externa é uma importante ferramenta no combate ao crime transnacional.

O general Augusto Heleno, do Gabinete de Segurança Institucional (GSI), chegou a fazer declaração de como seria o trajeto da aeronave; no entanto, com receio de que fazendo uma parada no Brasil, o italiano conseguisse alguma medida judicial impedido a continuação do voo, o governo da Itália fez ponderações e achou que seria melhor levar o prisioneiro direto para Roma. O avião decolou de Santa Cruz de La Sierra, e posou às 11h47 do dia 14 de janeiro de 2019 no aeroporto de Ciampino, nos arredores da capital italiana. A Bolívia foi exemplar neste processo de entrega do foragido, não lhe concedendo asilo político; e, assim, foi encerrada a longa jornada de fuga do assassino.

Autoridades italianas se manifestaram sobre o traslado do fugitivo e agradeceram a participação do Brasil e da Bolívia. Disse o ministro do interior Matteo Salvini: "Darei grande valor ao presidente @jairbolsonaro se ele ajudar a Itália a ter justiça, "presenteando" Battisti com um futuro na sua terra natal", afirmou no Twitter. O então premiê italiano, Giuseppe Conte, também se manifestou: "Há pouco tempo escutei o presidente do Brasil, Jair Bolsonaro, e gostaria de agradecê-lo em nome de todo o governo italiano pela colaboração efetiva que levou à captura de Battisti. E da mesma forma agradeço às autoridades bolivianas".

O ex-presidente Lula disse que se arrependia da proteção dada ao terrorista e que não teria problema em pedir perdão ao povo italiano. Na verdade, ele escarrou no rosto da sociedade italiana e desprezou as famílias enlutadas. A fala do ex-presidente não é surpresa para quem o conhece de perto e percebe suas aleivosias. O seu ex-ministro Tarso Genro é um dos principais culpados desta ilegal proteção – o mentor de todo o imbróglio administrativo, sendo decisivo na concessão do refúgio político. No comando do Ministério da Justiça não poderia ter agido por puro capricho ideológico, como bem disse o saudoso jornalista Sandro Vaia. Agiu violando dispositivos legais, tanto é verdade que o Supremo anulou seu ato. Afagou o assassino Battisti em evento público, revelando desprezo pelo Judiciário da Itália. Lula e Tarso Genro legitimaram um terrorista, alçando-o a condição de defensor das liberdades, tornando-o intocável no Brasil enquanto estivessem comandando o país. Felizmente, Michel Temer e Jair Bolsonaro não comungaram com esta imoralidade.

O escritor peruano Mario Vargas Llosa retrata um episódio cujo fato fiz referência no capítulo anterior. A viagem de Lula a Cuba na mesma época da morte do dissidente cubano Orlando Zapata Tamayo. Repudiando o gesto asqueroso de Lula adulando o sanguinário ditador Fidel Castro, o Nobel disse o seguinte sobre a presença do ex-presidente na ilha caribenha: "...e não a falta de vergonha de se estampar, risonho e cúmplice, ao lado de assassinos virtuais de um dissidente democrático, legitimando, assim, com sua presença e seu comportamento, a caça aos opositores desencadeada pelo regime no mesmo momento em que ele se deixa fotografar abraçando os carrascos de Orlando Zapata Tamayo". (Sabres e Utopias - Lula e os Castros).

Quando chegou na Itália, local de onde nunca deveria ter partido, Cesare Battisti confessou os crimes de sangue, o que me deixou profundamente feliz. Desde o início revelei a face escondida do fugitivo. O livro sempre foi uma verdade inatacável, mesmo porque está fundamentado nas sólidas sentenças italianas e no irretocável voto do ministro Cezar Peluso – relator da extradição 1.085, cujo voto foi vencedor no Plenário da Corte. Falei várias vezes do perigo da proteção a um assassino condenado pela Justiça. É necessária uma fé inabalável na ordem democrática, sem a qual a Justiça pode sucumbir diante da vontade dos tiranos.

Cesare Battisti atirou e matou dois policiais: Antonio Santoro e Andrea Campagna. Teve participação decisiva no planejamento da emboscada fatal contra o joalheiro Pierluigi Torregiani na cidade de Milão; nesta cena sangrenta os sicários deixaram o filho de Torregiani paraplégico. Deu cobertura ao homicida que disparou duas vezes contra o açougueiro Lino Sabbadin. Além de ser o matador histórico do bando, Battisti foi acusado, ainda muito jovem, de praticar atos libidinosos contra uma garota de origem calabresa de apenas 13 anos de idade. Ato de extrema vileza, que revela o caráter de um ser malvado, cujo prazer é o sofrimento alheio.

Avião conduzindo Cesare Battisti decola da Bolívia para a Roma.
Foto: STRINGER / REUTERS

Battisti é escoltado por policiais no aeroporto de Ciampino, na cidade de Roma.
Foto: REUTERS/Max Rossi/14.01.2018

Hoje, por coincidência, ele se encontra na penitenciária de Rossano, na Calábria, no sul da Itália.

A verdade sempre esteve nos processos criminais, a solidez das provas que fundamentaram as sentenças italianas jamais poderia ser desprezada; e creio que com este desfecho, a relação histórica de amizade, companheirismo e lealdade entre o Brasil e a Itália finalmente foram restauradas.

A verdade sempre foi: A Palavra da Corte.

***

REFERÊNCIAS BIBLIOGRÁFICAS

AMADORI, Giacomo. **Cesare Battisti, la sua vita a latina prima del terrorismo.** Disponível em: <http://www.latina24ore.it/attualita/altre-notizie/6677/cesare-battisti-la-sua-vita-a-latina-prima-del-terrorismo>. Acesso em: 11/02/2009.

AMADORI, Giacomo. **Cesare Battisti su folha. L'inchiesta di Panorama per i lettori brasiliani** . In: PANORAMA.IT. Disponível em: <http://blog.panorama.it/italia/tag/cesare-battisti-su-folha/>. Acesso em: 02/02/2011.

CAMPAGNA, Maurizio. **Entrevista no Portal G1 da globo.com, concedida à jornalista Laura Naime,** em 7 de março de 2009.

CAVALLINA, Arrigo. Disponível em: <http://www.liberespressioni.com/2009/01/31/lex-capo-di-battisti-vi-spiego-chi-e-lui-dal-carcere-scrive-sono-innocente/>.

CASELLI, Gian Carlo. **Revista Carta Capital,** edição 533, 2009.

CIRILO, Jr. In: **FOLHA.COM**. Em audiência no Rio, Battisti admite ter usado passaporte falso (10/12/2009). Disponível em: <http://www1.folha.uol.com.br/folha/brasil/ult96u664692.shtml>. Acesso em: 02/01/2010.

ASSOCIAZIONE ITALIANA DE VITTIME DEL TERRORISMO (AIVITER). Disponível em: <http://www.vittimeterrorismo.it/iniziative/battisti/battisti09.htm. Acesso em 12/05/2010.

BARROSO, Luiz Roberto. **Mandado de Segurança MS 27.875. Memorial do extraditando Cesare Battistii**. Disponível em: <http://www.migalhas.com.br/arquivo_artigo/art20090507-03.pdf>. Acesso em 25/07/2009.

BATTISTI, Cesare. **Carta ao Supremo Tribunal Federal do Brasil em 11/02/2009**. Disponível em: <http://www.midiaindependente.org/pt/blue/2009/03/443427.shtml>. Acesso em: 12/06/2009, às 11:55 e 42 min.

BATTISTI, Cesare. **Minha Fuga Sem Fim**.São Paulo: Martins Fontes, 2007.

BRASIL. **Constituição Brasileira**. 1998. Disponível em: <http://www.planalto.gov.br/ccivil_03/constituicao/constitui%C3%A7ao.htm>. Acesso em 10/01/2010.

BRASIL. Lei N.9.474, de 22 de julho de 1997.

BRASIL. **Decisão administrativa** – Processo 08000.011373/2008-83 – do Ministério da Justiça do Brasil. 2008.

CAHALI, Yussef Said. Estatuto do Estrangeiro. São Paulo: Saraiva, 1983.

DALLARI, Dalmo. **Parecer publicado no Blog do Suplicy**, em 11/02/2009, e anexado ao ofício 00252/2009 do Senador, que foi remetido ao STF.

DALLARI, Dalmo. **Refugiados, uma decisão soberana do Brasil**. In: Folha de São Paulo (19/01/2009). Disponível em: <https://acesso.uol.com.br/login.html?dest= CONTENT&url=http://www1.folha.uol.com.br/fsp/opiniao/fz1901200907.htm&COD_PRODUTO=7>. Acesso em: 03/02/2009.

DANIELS, Anthony. **Cesare Battisti**: a sua ficção o condena. In: Revista Veja. n. 2220. Disponível em: <http://clippingmp.planejamento.gov.br/cadastros/noticias/2011/6/6/cesare-battisti-a-sua-ficcao-o-condena>. Acesso em: 6 de junho de 2011.

FÉLIX, Rosa. In: Jornal De Londrina. Ele é um delinqüente da pior espécie. Disponível em: <http://www.jornaldelondrina.com.br/brasil/conteudo.phtml?ema=1&id=1087332>. Acesso em:02/05/2011.

FOLHA.COM. **Ministério da Justiça da Itália pede a Lula que respeite tratado e extradite Battisti** (17/12/2009). Disponível em: <http://www1.folha.uol.com.br/folha/brasil/ult96u668254.shtml>. Acesso em 03/12/2010.

FOLHA.COM. **Advogado que representa a Itália no caso Battisti acredita em rápida extradição.** (17/12/2009). Disponível em: <http://www1.folha.uol.com.br/folha/brasil/ult96u668223.shtml>. Acesso em 03/12/2010.

FOLHA.COM. **Presidente Lula está obrigado a extraditar Battisti, diz advogado da Itália**. (16/12/2009). Disponível em: <http://www1.folha.uol.com.br/folha/brasil/ult96u667420.shtml>. Acesso em 22/11/2010.

GENRO, Tarso. **Decisão administrativa** - Processo 08000.011373/2008-83, do Ministério da Justiça do Brasil.

GRACIE, Ellen. **Nos autos da extradição 1085, voto proferido no plenário do STF**. Disponível em: <http://www.youtube.com/watch?v=qPtPQXj3p9U>.

HERMI in PELUSO, Cezar. **Voto do Ministro Cezar Peluso, relator nos autos da extradição 1085, que tramitou no Supremo Tribunal Federa**l.

JORNAL Folha de São Paulo. **Decisão italiana sobre Battisti divide especialistas brasileiros** – matéria publicada em 08 de fevereiro de 2099. Disponível em: http://www1.folha.uol.com.br/fsp/brasil/fc0802200902.htm.

LA 1ª CORTE D'ASSISE DI MILANO. **Sentenza n. 76/88**. Fac-Símile.

LA 1ª CORTE D'ASSISE D'APPELLO DI MILANO. **Sentenza n. 17/90**. Fac-Símile.

LA 2ª CORTE D'ASSISE D'APPELLO DI MILANO. **Sentenza n. 24/93**. Fac-Símile.

LIBERE SPRESSIONI. **L'ex capo de Battisti**. "Vi spiego Chi é". Cavallina dal carcere scrive: sono innocente. Disponível em: <http://www.liberespressioni.com/2009/01/31/lex-capo-di-battisti-vi-spiego-chi-e-lui-dal-carcere-scrive-sono-innocente/>. Acesso em: 02/01/2010.

MAIEROVITCH, Wálter Fanganiello. **CASO BATTISTI**: a folha de antecentes antes dele virar terrorista. Novos rumos diante do parecer do Procurador Geral da Reública. Instituto Brasileiro Giovane Falconi. (27/0/ 2008). Disponível em: <http://www.ibgf.org.br/index.php?data[id_secao]=2&data[id_materia]=1909. Acesso em 30/01/2008.

MAIEROVITCH, Wálter Fanganiello. **BATTISTI**: Novos Assassinatos. Carta-aberta aos brasileiros, pelo Magistrato italiano da luta contra o Terrorismo. Disponível em: http://maierovitch.blog.terra.com.br/tag/caso-battisti-juiz-italiano-do-depantiterror-carta-aberta-aos-brasileiros-battisti-era-ladrao-antes-de-ser-terrorista-tarso-genro-assassina-o-bom-direito/. Acesso em: 23/01/2009.

MAIEROVITCH, Wálter **Fanganiello. Battisti e seu bando**. (03 de agosto de 2010) Disponível em: http://www.cartacapital.com.br/internacional/battisti-e-seu-bando. Acesso em 20 de setembro de 2010.

NAPOLITANO, Giorgio. Entrevista na **Revista Carta Capital**, edição 646.

PELUSO, Cezar. **Voto do Ministro Cezar Peluso** (relator nos autos da extradição 1085). Supremo Tribunal Federal. Disponível em: http://www.stf.jus.br/arquivo/cms/noticiaNoticiaStf/anexo/Ext1085RelatorioVoto.pdf . Acesso em 12 de dezembro de 2010.

REVISTA **Carta Capital**. Lula decide: Cesare Battisti fica no Brasil (31/12/2010). Disponível em http://www.cartacapital.com.br/politica/lula-decide-cesare-battisti-fica-no-brasil. Acesso em: 01/01/2011.

ROCHA, M. **Dossiê Antonio Negri**. Disponível em: http://www.dossie_negri.blogger.com.br/. Acesso em: 04/12/2010.

SILVA, José Afonso da Silva. **Parecer nos autos administrativo do Conselho Federal da OAB** – n. 2008.31.02061-01. Disponível em: http://www.lrbarroso.com.br/pt/casos/cesarebattisti/pareceres/parecer_jose_afonso_OAB.pdf. Acesso em 02/12/2010.

SUPLICY, Eduardo Suplicy.**Carta de Suplicy ao STF sobre o caso Battisti**. Disponível em: http://mtv.uol.com.br/blogdosuplicy/blog/leia-carta-de-suplicy-ao-stf-sobre-o-caso-battisti. Acesso em: Data 11/02/2009, às 11:55 e 42 min. Acesso em 12/02/2009.

PASCHOAL, Janaína. In: FOLHA.COM. **Delações premiadas foram decisivas para condenação de Battisti na Itália** (08/02/1009). Disponível em: <http://www1.folha.uol.com.br/folha/brasil/ult96u500638.shtml>. Acesso em 28/06/2009.

PICCHIA, Pedro Del. CASO BATTISTI: **democracia e terrorismo na Itália** (12/02/2009). Disponível em: <http://www.ibgf.org.br/index.php?data[id_secao]=2&data[id_materia]=1927>. Acesso em 20/01/2009.

SALVINI, Guido. **Jornal Folha de São Paulo**, publicado em 10 de fevereiro de 2009. Entrevista concedida à colaboradora Gina de Azevedo Marques.

VARGAS, Fred. **Carta ao Supremo Tribunal Federal do Brasil** (anexada nos autos da extradição 1085 do STF).

YOUTUBE. **Caso Battisti**: irmão de vítima fala na BAND. Disponível em: <http://www.youtube.com/watch?v=YRWPq8iep9k&feature=related>. Acesso em 04/01/2011.

ANEXOS

Páginas do voto do Ministro Relator Cezar Peluso

Páginas das sentenças italianas
[Fac-símile]

Supremo Tribunal Federal

V O T O

O SENHOR MINISTRO CEZAR PELUSO - (Relator):

1. O pedido de extradição passiva, de caráter executório, formulado pela República Italiana com fundamento em tratado firmado com a República Federativa do Brasil e, devidamente, instruído com os documentos mencionados no art. 80 do Estatuto do Estrangeiro, está em harmonia com a ordem jurídica brasileira (fls. 03-1438).

O Estado requerente possui competência jurisdicional para processar e julgar o extraditando, que é nacional italiano, natural de Cisterna di Latina, e na Itália ter-se-iam consumados os ilícitos. O caso trata de aplicação de princípios de direito penal internacional, tais como o da territorialidade da lei penal e o da nacionalidade ativa.

Vieram aos autos *(i)* cópia da Sentença de 1º grau do Tribunal do Júri de Milão (108-400), *(ii)* cópia da Sentença do 1º Tribunal do Júri de Apelação de Milão (fls. 404-531), *(iii)* cópia da Sentença da Corte de Cassação (fls. 538-571) e cópia da Sentença do 2º Tribunal do Júri de Apelação de Milão (fls. 572- 620) *(iv)*.

I PRELIMINARES

2. Examino, desde logo, relevante questão preliminar ao pedido de extradição, perante a concessão do *status* de refugiado ao ora extraditando, pelo Senhor Ministro da Justiça, em data de 13.01.2009.

Supremo Tribunal Federal

capaz de sustentar a admissibilidade de juízo de constitucionalidade, em especial daquela norma específica, sob o prisma da regra da separação de poderes. Ademais, a presunção de inteireza da Lei nº 9.474/97 não dá, ao propósito, margem a outras considerações que não a do pressuposto da necessidade de rigorosa obediência aos requisitos positivos e negativos que ela mesma estatui. A União não age aqui, nem alhures, *a legibus soluta*.

Não há, pois, como nem por onde, na interpretação unitária e constitucional do regime normativo do instituto do refúgio, estabelecer, de maneira oracular, que, independentemente de reverência à ordem jurídica, toda decisão emanada do Poder Executivo produza, em qualquer caso, o efeito ou efeitos típicos a que tenda. E não o há, desde logo porque, nos limites deste caso, como nítida questão prévia que se suscita, tem a *legalidade do ato administrativo* de ser conhecida e decidida pela Corte como tema preliminar, suposto profundamente vinculado ao mérito mesmo do pedido de extradição, que não pode deixar de ser julgado, se se dê por invalidez e ineficácia da concessão de refúgio. Depois, pela razão óbvia de que, para usar as palavras da lei, o reconhecimento da condição de refugiado constitui **ato vinculado** aos requisitos expressos e taxativos que a lei lhe impõe como condição necessária de validade, ao capitular as hipóteses em que pode o refúgio ser deferido e aquelas em que, sem lugar para formulação discricionária de juízo de conveniência ou oportunidade, não pode sê-lo, sem grosseiro abuso ou carência de poder jurídico.

Em suma, a decisão do Senhor Ministro da Justiça não escapa ao controle jurisdicional[2] sobre eventual observância dos requisitos de

---

[2] O art. 31 da Lei nº 9474/97 dispõe que a decisão do Ministro de Estado da Justiça não é passível de recurso. Mas, nem precisaria dizê-lo, tal regra concerne apenas a recurso na

Supremo Tribunal Federal

II   MÉRITO

Passo a analisar o **mérito**.

12.   Aduz a defesa que "*o extraditando nunca foi apresentado diante de qualquer Tribunal, tampouco interrogado*", sendo julgado à revelia e sem a observância do devido processo legal (fl. 1851).

O fato não tem relevo algum. E não o tem, desde logo porque "*A circunstância de que a condenação tenha ocorrido à revelia não constitui, por si só, motivo de recusa para a extradição*", conforme pactuado textualmente na segunda parte da alínea 'a' do Artigo 5 do Tratado de Extradição Brasil-Itália.

Ao depois, apreciando hipótese semelhante, nos autos da **EXT nº 864** (Rel. Min. **SEPÚLVEDA PERTENCE**, DJ de 29.08.2003), o Plenário da Corte decidiu: "*Independentemente da aplicação ao caso da parte final do art. V do Tratado de Extradição entre o Brasil e a Itália, segundo o direito extradicional brasileiro, não impede, por si só, a extradição que o extraditando tenha sido condenado à revelia no Estado requerente*".

E decidiu bem, porque, como o sabe hoje toda a gente, a condição de revelia já não guarda, senão no plano etimológico, idéia pejorativa de rebeldia, mas apenas expressa o exercício de faculdade jurídica que tem a parte de, por razões de estrita conveniência pessoal, indevassável pelo Estado, não comparecer ao processo e não exercitar os poderes inerentes ao ônus processual facultado. Porque, como é elementar e óbvio, não tem obrigação, senão ônus de comparecer ao processo, nada obsta que o réu não compareça e, bem por isso, se não comparece, não tem como nem por onde invocar o fato

Supremo Tribunal Federal

próprio como cerceamento de defesa ou causa de nulidade processual, até porque, de outro modo, se beneficiaria de sua mesma torpeza.

Posto o julgamento tenha tramitado à revelia do extraditando, que à época se encontrava foragido, não há nenhuma dúvida de que lhe foram assegurados todos os **direitos de defesa** correspondentes a essa condição processual, como exige a parte inicial da alínea 'a' do citado artigo 5 do Tratado, em estrita observância do princípio do devido processo legal.

Como a própria defesa deixa claro a fl. 1852, *"ao extraditando foi nomeado inicialmente defensor de ofício, quando das ditas investigações pelo Ministério Público e depois, constituído advogado".*

O documento de fl. 401, cujo conteúdo revela a interposição de recurso de apelação pelo advogado do ora extraditando, no juízo criminal competente, além de todo o exposto no minucioso relatório da sentença condenatória de 1º grau (fls. 180-386) e nas decisões proferidas, seja pelo Primeiro Tribunal do Júri de Apelação de Milão (fls. 404-531), seja pela Corte de Cassação (fls. 538-571), seja ainda pelo 2º Tribunal do Júri de Apelação de Milão, demonstra inconteste exercício dos poderes do contraditório e da ampla defesa, consectários do *due process of law*.

A combativa e intimorata defesa do extraditando, aliás, o representou e defendeu perante os Tribunais do Júri e de Apelação do Júri de Milão, bem como perante a Corte de Cassação. Nesta, foi dado parcial provimento ao seu recurso, para anular *"a sentença impugnada (...) em relação a Battisti no assunto concernente à participação no homicídio do Torregiani"* (fl. 570), posteriormente reafirmada pelo 2º Tribunal do Júri de Apelação.

Supremo Tribunal Federal

A República Italiana, na manifestação de fls. 2379-2437, recorda: *"Positivamente, o presente pedido tem por fundamento sentenças condenatórias advindas do cometimento de crimes comuns. Registre-se, de resto, que isso foi reconhecido e proclamado pela Justiça Francesa ao deferir postulação da República Italiana – formulada com base nos mesmíssimos fatos de que ora se cuida – para que lhe fosse entregue Cesare Battisti, quando este vivia na França. A decisão proferida pelo Tribunal de Recursos de Paris em 30.06.2004 considerou que **os crimes pelos quais se pedia a extradição 'não são de natureza política e militar' e, mais, que 'não consta que o pedido de extradição tenha sido formulado por motivo de raça, de religião, de cidadania ou de opiniões políticas ou que a situação do mesmo [o extraditando] possa agravar-se em conseqüência de qualquer um dos motivos acima"** (fl. 12 do doc. 02, em anexo com a respectiva tradução)"* (fl. 2430).

E continua:

> "Acentue-se que, esgotadas todas as possibilidades de recurso, a aludida decisão do Tribunal de Recurso de Paris foi convalidada pelo Supremo Tribunal de Justiça da França em 13.10.2005 e, finalmente, pela **insuspeita** Corte Européia de Direitos Humanos em 12.12.2006 (docs. 03, 04 e 05, em anexo com as respectivas traduções).
> É óbvio que as decisões da Justiça da França e do Conselho de Estado francês, bem como a decisão da Corte Européia de Direitos Humanos, em nada vinculam esse col. Supremo Tribunal Federal que, em sua plena soberania, julgará o pleito instaurado na jurisdição brasileira pelo Estado Requerente em razão da fuga do extraditando da França para o Brasil. Mas não é menos certo que afastam a estrambótica teoria da conspiração dos Governos da França e da Itália contra o extraditando" (fl. 2430).

Da sentença de extradição de Cesare Battisti proferida pelo Tribunal de Recursos de Paris, extraio:

Supremo Tribunal Federal

"(...)

Considerando que os fatos atribuídos a BATTISTI são tipificados como homicídios dolosos qualificados e como tentativa de homicídio doloso qualificado, crimes previstos e passíveis de punição pelos artigos 56, 61, 81, 110, 112, n° I e 575 do Código Penal italiano; que as decisões de condenação à base do pedido de extradição declararam-no culpado, em um ou outro caso, de ser o autor ou o cúmplice;

Considerando que com relação ao princípio da dupla incriminação, os fatos acima expostos e qualificados pelo País requerente podem, no direito francês, ter qualificação de homicídio e de tentativa de homicídio agravado na qualidade de autor, co-autor ou cúmplice, crimes ou tentativa de crime previstos e passíveis de punição pelos artigos 121-4, 121-5, 121-6, 121-7, 221-1, 221-3 e 221-4 do Código Penal;

Considerando que os fatos pelos quais é requerida a extradição são puníveis no direito francês com uma pena não inferior a dois anos de reclusão e no direito italiano com uma pena não inferior a um ano de reclusão, conforme as exigências previstas no artigo 61 da Convenção de SCHENGEN;

Considerando que os crimes apenados pelas decisões judiciárias italianas, pelos quais está sendo pedida a extradição, não são de natureza política, nem militar.

que, ainda, não consta que o pedido de extradição tenha sido formulado por motivos de raça, de religião, de cidadania ou de opiniões políticas ou que a situação do mesmo possa agravar-se em conseqüência de qualquer um dos motivos acima.

que Cesare BATTISTI não possui cidadania francesa e não foi julgado definitivamente na França por esses crimes.

que, com relação às condenações proferidas contra ele, a pena não resulta estar prescrita nem pelo direito italiano nem pelo direito francês;

Considerando, enfim, que as condições jurídicas legais da extradição parecem reunidas; que não foi constatado qualquer erro evidente; que, conseqüentemente, é cabível emitir parecer favorável ao pedido de extradição formulado pelo Governo da Itália contra CESARE BATTISTI.

POR ESTAS RAZOES

O TRIBUNAL

Supremo Tribunal Federal

extradição (Cf. **EXT nº 1.114**, Rel. Min. **CÁRMEN LÚCIA**, DJ de 22.08.2008), a efetiva entrega do súdito ao Estado requerente poderá ser diferida, nos termos do art. 89 do Estatuto do Estrangeiro, bem como do 'item 1' do art. 15 do Tratado Bilateral Brasil-Itália, que prescreve:

> "Artigo 15
> Entrega Diferida ou Temporária
> 1. Se a pessoa reclamada for submetida a processo penal, ou deva cumprir pena em território da Parte requerida por um crime que não aquele que motiva o pedido de extradição, a Parte requerida deverá igualmente decidir sem demora sobre o pedido de extradição e dar a conhecer sua decisão à outra Parte. Caso o pedido de extradição vier a ser acolhido, a entrega da pessoa extraditada poderá ser adiada até a conclusão do processo penal ou até o cumprimento da pena".

23. Tendo por cumpridos os requisitos legais constantes do Estatuto do Estrangeiro e do Tratado de Extradição firmado entre o Governo da Itália e o da República Federativa do Brasil, **defiro** a extradição de CESARE BATTISTI, sob a condição formal de comutação da pena perpétua por privativa de liberdade por tempo não superior a trinta anos, e, em conseqüência, julgo **prejudicados** o agravo regimental e o mandado de segurança.

Páginas das Sentenças Italianas
 Sentença Nº 76/88
 Sentença Nº 17/90
 Sentença Nº 24/93
   [Fac-Símile]

REPUBBLICA ITALIANA
IN NOME DEL POPOLO ITALIANO

La 1ª CORTE d'ASSISE di MILANO

N. 76/88 della Sentenza
N. 49/84 Reg. Gen.
N. 55438 Camp. Gen. 481

UDIENZA
del giorno
13.12.88 197___

CAUSA
a carico di:
ANSELMI GIULIO + 22

Composta dagli illustrissimi signori:

1° Camillo Passerini .... Presidente
2° Giovanna Ichino .... Giudice est.
3° Ferrarese Valter .... Giudice popolare
4° Moroni Natale .... » »
5° Massari Ida .... » »
6° Pisani Adele .... » »
7° Loi Antonietta .... » »
8° Laganà Francesco .... » »

ha pronunciato la seguente

SENTENZA

NELLA CAUSA PENALE

a carico di: 1) ANSELMI GIULIO - n. Milano 25.5.1959 - arr. 8.6.82 scarc. 20.7.83 - res. Milano via Crollalanza 11 - anzi irreperibile -
                                LIBERO - CONTUMACE

2) BATTISTI CESARE - n. Cisterna di Latina 1°8.12.1954 res. Sermoneta Scalo via delle Follette   LATITANTE - CONTUMACE

3) BERGAMIN LUIGI - n.Cittadella di Padova 31.8.48 res.Carmignano di B. via Ronchi 25

                                LATITANTE - CONTUMACE

Spediti estratti esecutivi a
Procura e Questura p
Tolini Marcello Mi
il 21.1.1989
fontana e troglio il 3

Redatte schede er
e Musti l' 11.2.89 e
il 15.2. 1989
per fontana e troglio

IL CANCELLIERE

45) del delitto p.e p. dagli artt.110, 61 n.2, 624,625 nn.2,5,7 C.P. perchè in
(già Verona, il 27/5/78, in concorso con MASALA Sebastiano, agendo materialmente
46) i soli Masala Sebastiano e Mutti, al fine di trarne profitto e, in particolare, per realizzare la rapina sopra meglio descritta, servendosi di un mez
zo fraudolento per accedere all'interno del veicolo e provocarne l'accensio-
ne del motore, si impossessavano dell'autovettura Simca 1000 tg.VR-290220
sottraendola al proprietario, Agnilleri Sante, che l'aveva parcheggiata in
strada, esposta così per necessità e consuetudine alla pubbica fede.
Con l'ulteriore aggravante del numero delle persone concorse nel reato.

Con l'aggravante ~~~~~~~~~~~

46) BATTISTI Cesare – BERGAMIN Luigi – CAVALLINA Arrigo – FIORINA Franco –
(già LAVAZZA Claudio – MIGLIORATI Enrica – MUTTI Pietro – SPINA Marisa
47)

) del delitto p.e p. dagli artt.110, 112 n.1, 575,577 n.3, 61 n.10 C.P. per a-
vere in Udine, il 6/6/1978, in concorso con MASALA Sebastiano e, pertanto,
con l'aggravante del numero delle persone, superiore a cinque, il Bergamin,
il cavallina e il Masala partecipando all'ideazione, decisione e rivendicazione dell'azione, il Fiorina fornendo l'arma impiegata nell'esecuzione del-
l'omicidio, la Spina prendendo parte ad una riunione operativa immediatamen-
te precedente l'azione nonchè accompagnando il nucleo operativo a Udine per
ricevere in consegna le armi utilizzate nell'azione medesima e riportarle
a Milano, gli altri operando anche concretamente, cagionato volontariamente
la morte del M.llo degli agenti di Custodia Santoro Antonio, contro il qua
le il battisti, mentre la Migliorati, il Mutti e il Lavazza svolgevano compi
ti di appoggio e copertura, esplodeva alcuni colpi di pistola, in numero non
inferiore a tre, attingendolo al tronco e al capo.
Con le ulteriori aggravanti di avere commesso il fatto contro un pubblico
ufficiale a causa dell'adempimento delle sue funzioni e per avere agito con
premeditazione e, in particolare, dopo averne studiato le abitudini, tenden-
dogli un agguato mentre si portava dalla propria aitazione al carcere di
Udine ove prestava servizio;

- 225 -

rivendicata telefonicamente alle ore 13, 10 all'ANSA di Venezia da una persona di sesso maschile che si qualifica appartenente ai Proletari Armati per il Comunismo (altre rivendicazioni da parte di sedicenti appartenenti alle Brigate Rosse vengono effettuate pure in giornata a Milano e a Mestre); nei giorni successivi vengono ritrovate a Milano - e poi a Mestre, a seguito di telefonata anonima pervenuta alla redazione del "Gazzettino" - copie del volantino a sigla PAC, dal titolo "Contro i lager di Stato", rivendicanti l'omicidio Santoro.

L'8.6.1978, una studentessa della facoltà di Scienze politiche dell'Università di Padova, tale Parca Gabriella, viene posta dalla Questura di Udine in stato di fermo, poi convalidato dalla Procura della Repubblica, per concorso nell'omicidio del Maresciallo, in quanto una teste, nel corso di una ricognizione fotografica, ha colto in una foto della giovane una notevole rassomiglianza con la donna che aveva partecipato all'omicidio. Le successive indagini evidenziano, peraltro, la totale estraneità al fatto criminoso della Parra che, dopo pochi giorni, viene scarcerata per mancanza di indizi e poi definitivamente prosciolta dal G.I. di Udine.

A seguito della scoperta delle basi di Via Castelfidardo e di Via Picozzi a Milano, con i conseguenti arresti di persone ritenute appartenenti ai PAC, il 4.10.1979, la Digos di Milano redige un dettagliato rapporto in cui, nell'ambito di una ricostruzione globale delle attività di questa organizzazione, sulla base di una fonte confidenziale che costituisce riprova ulteriore della sua volontà di adesione al progetto omicidiario e non al semplice ferimento): avendo egli contribuito con la sua espressione di volontà alla formazione della volontà comune, si è dunque pienamente verificato il suo concorso morale del reato.

Le dichiarazioni rese da Mutti in ordine alla partecipazione del **BATTISTI** all'omicidio del maresciallo Santoro trovano conferma sia nelle risultanze del procedimento penale aperto ad Udine, sia nelle dichiarazioni di numerosi altri imputati.

Quanto al primo aspetto, si richiamano le già citate e concordanti testimonianze fornite dai testi oculari - e confermate all'odierno dibattimento - in ordine alla falsa coppietta che attendeva vicino alla fermata dell'autobus la mattina del delitto.

teste Menegon: la donna, dall'apparente erà di 18-20 anni, corporatura normale, alta circa m.1,60, capelli corti e rossicci, vestiva una maglietta di colore giallo chiaro e una gonna di colore bianco-beige;

teste Pagano: la donna era alta 1,60, 1, 65 corporatura snella, capelli rosso vivo, corti e ondulati. L'uomo era leggermente più alto, snello, <u>età sui 25 anni,</u> capelli scuri e leggermente ricci, viso regolare, carnagione chiara;

teste Suriano: la donna aveva i capelli rossi di media lunghezza, era alta circa 1,60, 1,65 e <u>l'uomo a lei abbracciato poteva essere 5 o 6 centimetri più alto;</u>

volto corrispondano a quelle fornite dai testi, nonchè a quelle della Parra Gabriella, erroneamente arrestata subito dopo i fatti e poi prosciolta il 2.1.1979.

Si ricorda, al proposito, che su richiesta dell'avv. Maniacco, il G.I., in data 8.2.1979 aveva rilasciato a tale difensore un certificato attestante l'avvenuto proscioglimento (cart. 9, vol. 2, fasc.1 pag. 241).

Il G.I. di Udine sente i testimoni oculari dell'omicidio, procede a ricognizione fotografica per identificare il Mutti, non ritiene opportuno analogo incombente nei confronti della Migliorati, non sente i testi indicati nella memoria difensiva a sostegno dell'alibi e, su conforme parere del P.M., accogliendo la richiesta presentata dal difensore il 3.7.1981, pronuncia la già citata sentenza di proscioglimento.

La seconda fase dell'istruttoria relativa alla Migliorati si riapre dopo le dichiarazioni del Mutti nel gennaio 1982.

Il 22.4.1982 viene dallo stesso G.I. di Udine spiccato nuovo mandato di cattura nei confronti della Migliorati.

Il 12.5.1982, la Barbetta dirà al G.I. di Verona di aver saputo dal Battisti, nella primavera del 1979, che lui e la Migliorati erano stati gli autori materiali dell'omicidio Santoro (cart. 9, vol. 1, fasc. 1, pag. 303).

– 383 –

A parte i capi di vestiario di cui costui beneficiò, insieme ai coimputati, *una volta verificata l'impossibilità di* collocare utilmente il bottino, non è dato capire se è quale parte ebbe il suddetto nella fase deliberativa dell'azione, posto che lo stesso Mutti ha dei ricordi poco precisi sul punto.
Apparirebbe semmai correttamente configurabile la fattispecie delittuosa di cui all'art. 648 c.p.

Deve dichiararsi infine l'estinzione del reato di furto previsto al capo 74 (già 78), nei confronti di Bergamin, Cavallina, Filippi, Giacomini, Mutti, perchè lo stesso, con la concessione ai suddetti imputati delle attenuanti generiche, con giudizio di prevalenza o di equivalenza sulle aggravanti contestate, è estinto per prescrizione.

(cfr. Mutti al G.I. 2.5.83 f.8 e 21; dib.Appello Torreggiani 23.5.83 f. 9);
(cfr. Cavallina, dib. I grado f. 370; dib. rinvio f. 119);
(cfr. Giacomini dib. I grado f. 398).

CAPI 75 - 76 - 77 (già 79 - 80 - 81)

Rapina in danno dell'appuntato di P.S. DI PASQUALE Antonio, in forza al posto di Polizia Ferroviaria della Stazione di Verona –
Porta Vescovo (Verona il 15.12.1978)

- 384 -

Imputati: Battisti - Bergamin - Cavallina - Giacomini - Lavazza - Mutti

Verso le ore 15,50 del 15.12.78, due individui, armati rispettivamente di pistola e fucile a canne mozze, dopo essersi introdotti a viso scoperto nell'ufficio del Posto di Polizia presso la Stazione di Verona P.ta Vescovo, intimavano all'appunto di P.S. Di Pasquale Antonio, di "rivelare dove erano custoditi di mitra" e alla risposta che nell'ufficio non erano custodite armi, gli sottraevano la pistola d'ordinanza, lo costringevano a togliersi la divisa e, infine, dopo avergli legato le mani dietro la schiena lo percuotevano minacciandolo.

Forzavano quindi un armadio esistente nell'ufficio nella vana ricerca di armi e, successivamente, si allontanavano asportando, assieme alla pistola d'ordinanza, alla tessera personale e alla divisa del Di Pasquale, anche la divisa nuova di un altro sottoufficiale che si trovava accidentalmente in luogo.

Per fuggire i due rapinatori, unitamente al terzo complice che era rimasto all'esterno dell'ufficio con funzioni di palo e di copertura, si servivano di un'autovettura non meglio individuata, di colore bianco.

L'episodio in questione aveva già formato oggetto di indagini istruttorie nell'ambito del procedimento Torreggiani per il fatto che, tra le varie armi

– 385 –

sequestrate dalla "DIGOS" di Milano nell'appartamento della Marelli in via Castelfidardo il 26.6.79, vi era anche la pistola sottratta al De Pasquale.

Al termine dell'istruttoria, il G.I. aveva dichiarato non doversi procedere per essere rimasti ignoti gli autori del reato.

Il Mutti nell'immediatezza del suo arresto aveva fornito dell'episodio una descrizione "de relato" indicando, nel Battisti, nel Bergamin e in un non meglio identificato "veneto" gli autori della rapina.
Nel maggio 1983 il Mutti ha integrato le dichiarazioni precedentemente rese, da un lato ammettendo di aver preso parte direttamente alla rapina, dall'altro indicando nel Giacomini il complice "veneto" di cui inizialmente egli aveva taciuto il nome. Era stata proprio questa presenza, a consigliargli inizialmente di non riferire l'esatta dinamica dei fatti in rapporto ai suoi effettivi protagonisti.

Ha così spiegato il Mutti che la presenza del Giacomini nel nucleo era dovuta al fatto che, alla pari delle azioni di autofinanziamento precedenti, anche l'irruzione negli uffici del Posto Polfer della stazione di Porta Vescovo era stata programmata in funzione dell'azione da compiersi in Valsesia, per la cui esecuzione non solo servivano nuove armi con cui equipaggiare le numerose persone che avrebbero dovuto prendervi parte, ma altresì divise da poliziotto da

Il **Memeo** in sede di interrogatorio reso al G.I. il 3.1.84 ammette di aver preso parte all'omicidio Campagna, nei termini già riferiti da Maurizio Mirra al G.I. il 20.12.83, e conferma queste sue confessioni nei dibattimenti di primo e di secondo grado, nonchè nel presente giudizio: ammette altresì di aver agito con un compagno e che la sua funzione era quella di guidare la macchina.

Nel suo interrogatorio il **Mirra,** riferendo notizie apprese dal Memeo, dichiara che nell'organizzazione c'erano stati dei contrasti per questa azione e che il Memeo e il Battisti li avevano superati.

La premeditazione -

Il primo punto da mettere in evidenza è che, con l'omicidio Campagna, i P.A.C. ritornano al tema del "carcerario".

L'agente Campagna viene individuato come colui che aveva fatto indagini in ordine all'omicidio Torregiani: ciò è riferito anche da Fatone e sappiamo che comunque Campagna era apparso per brevi istanti in televisione quando, nelle sue mansioni di autista, aveva accompagnato in questura alcuni degli arrestati. La sua comparsa televisiva era stata notata da tutti coloro che lo conoscevano, che ne avevano parlato congratulandosene con lo stesso e con i suoi futuri familiari (l'agente era molto conosciuto nel quartiere della Barona, dove abitava la fidanzata). La difesa sostiene in proposito, che questo starebbe a

- 521 -

risponde che la condizione di latitante del suo complice (il Battisti) rendeva necessario il circolare armato e in macchina. Tale affermazione è però poco credibile, perchè il Battisti era latitante da circa due anni, e non aveva mai circolato in macchina, anche per il fatto che una vettura rubata era sicuramente pericolosa per il maggior rischio di controlli da parte delle forze di polizia. I P.A.C. inoltre non avevano nè un "parco macchine" per i latitanti, nè una riserva di targhe false da usare. Nella storia dei P.A.C., gli spostamenti sono sempre avvenuti in treno o su mezzi pubblici, perchè le vetture sono sempre state rubate poco prima di un'azione e abbandonate subito dopo.

Ultimo particolare, non irrilevante, riguarda le dichiarazioni di Memeo al Pasini Gatti (i P.A.C. avevano bisogno di qualcuno che insegnasse loro a sparare): ciò spiega come il Memeo, insofferente dell'attesa, abbia deciso con il Battisti di anticipare i tempi, con un'azione che dimostrasse la loro indiscussa abilità a sparare: una decisione che era stata già presa, ma che non si era ancora attuata.

La esecuzione dell'omicidio.

Le dichiarazioni confessorie di Memeo confermano le accuse nascenti dalle dichiarazioni del Mutti e del Fatone in ordine alla individuazione degli esecutori materiali: queste stesse dichiarazioni, unitamente ai riscontri obiettivi già elencati, portano alla identificazione del Battisti come di colui che materialmente esplose i colpi contro la vittima. I testimoni, infatti, ricordano che si trattava di un

– 650 –

prevalenti e infliggergli per il reato di cui all'art. 303 c.p. - in concreto più grave - la pena minima di due anni di reclusione (anni 3 - 1/3 ex art. 62 bis), aumentati di un mese per la continuazione con il reato di cui all'art. 272 c.p.. Si demanda l'eventuale applicazione del condono alla fase esecutiva.

A proposito dell'istanza inerente alla rimessione in libertà dell'Anselmi o alla concessione degli arresti domiciliari, si rileva che lo stesso risulta essere stato scarcerato il 20.7.1983.

CESARE BATTISTI

Il Battisti viene ritenuto colpevole di tutti e quattro gli omicidi oggetto del presente processo, nonchè dei ferimenti Fava, Rossanigo e Nigro; del tentato sequestro della Baggiani, di numerose rapine e di altri reati minori, che nei suoi confronti non risultano prescritti.

Non si ritiene di poter concedere allo stesso le attenuanti generiche, sia per il numero e la gravità dei reati di cui si è reso responsabile, sia per la sua personalità, così come emerge dagli atti processuali. La decisione manifestata dal Battisti e la freddezza con cui ha compiuto i crimini che gli sono stati imputati è più che evidente ed è stata già messa in luce nella motivazione che precede. Egli è stato presente nella banda armata sin dall'inizio, ha messo a disposizione dei compagni politici la sua esperienza

- 700 -

Battisti, Bergamin, Cavallina, Mutti, Lavazza, Migliorati e Spina, condannati per l'omicidio del M.llo Santoro e Battisti, condannato per il ferimento dell'Agente Nigro devono essere condannati in solido a rifondere al Ministero di Grazia e Giustizia i danni da questo subiti in conseguenza dei suddetti delitti. Tali danni si liquidano in lire 20 milioni per l'omicidio e in lire 10 milioni per il ferimento, oltre agli interessi legali dal fatto al saldo.

Battisti, Bergamin, Cavallina, Mutti e Lavazza, condannati per la rapina compiuta il 14.4.1978 all'ufficio postale succ. le n. 5 di Verona; Battisti, Bergamin, Cavallina, Lavazza, Masala e Mutti, condannati per la rapina compiuta all'ufficio postale succ. le n. 7 di Verona il 7.8.78; Battisti, Lavazza, Masala, Mutti, condannati per la rapina compiuta all'Ufficio POstale succ.le n. 4 di Verona il 6.1.1979, devono altresì essere condannati in solido a risarcire al Ministero delle Poste e Telecomunicazioni i danni patrimoniali subiti, che si liquidano in lire 5.500.000 per il reato di cui al capo 32 (già 33); in lire 7.000.000 per il reato di cui al capo 58 (già 59) e in lire otto milioni per il reato di cui al capo 85 (già 92). A tali importi devono essere aggiunti gli interessi legali, maturati dal fatto al saldo.

-730-

condanna

Battisti, Bergamin, Cavallina, Lavazza, Masala e Mutti, in solido, al risarcimento dei danni cagionati al Ministero delle Poste inseguito alla rapina di cui al capo 59 (in epigrafe 58), danni che si liquidano in lire sette milioni , oltre agli interessi dal fatto al saldo.

condanna

Battisti, Bergamin, Cavallina, Lavazza, Migliorati, Mutti e Spina , in solido, al risarcimento dei danni cagionati al Ministero di Grazia e Giustizia a seguito dell'omicidio di Antonio Santoro, danni che si liquidano in lire venti milioni, oltre agli interessi legali dal fatto al saldo.

condanna

il Battisti a risarcire al Ministero di Grazia e Giustizia i danni cagionati dal ferimento di Antonio Nigro, danni che si liquidano in lire dieci milioni, oltre agli interessi legali dal fatto al saldo.

condanna

tutti gli imputati come sopra tenuti al risarcimento dei danni, a rifondere in via solidale alle suddette parti civili le spese di costituzione e difesa del presente giudizio, spese che si liquidano in complessive lire un milione e cento cinquantamila, comprensive di onorari.

Milano, 13 dicembre 1988

IL PRESIDENTE

IL GIUDICE ESTENSORE

IL CANCELLIERE

DEPOSITATI IN CANCELLERIA
oggi 13 LUG. 1989   Il Cancelliere

N. 17/90 della Sentenza
N. 86/89 + Reg. Gen.
50/85

UDIENZA
del giorno
dal 30.01.1990
al 16.02.1990 x9

REPUBBLICA ITALIANA
IN NOME DEL POPOLO ITALIANO

LA Prima CORTE D'ASSISE D'APPELLO DI MILANO

Composta da:

1° Dott. Luigi FENIZIA		Presidente
2° Dr.ssa Paola FAZIO		Consigliere
3° Sig. Mario CORBANI		Giudice pop.
4° " Ginetta SASSOLI		»
5° " Patrizia PADELLETTI		»
6° " Gervasio ARMELI		»
7° " Maria Grazia SIMONELLI		»
8° " Graziella MELLONI		»

ha pronunciato la seguente

SENTENZA

NELLA CAUSA DEL PUBBLICO MINISTERO

contro

1) ANSELMI GIULIO di Silvano e di Ilari Augusta Maria, nato a Milano il 27.5.1959, residente a S.Giuliano M.se, via F.LLI Cervi n.21 oppure in Milano Via Crollalanza 11 - libero

— contumace —

2) BATTISTI CESARE di Antonio e di Battisti Maria, nato a Cisterna di Latina il 18.12.1954, residente a Sermoneta Scalo, Via delle Follette n.1 - latitante

- contumace -

3) BERGAMIN LUIGI di Antonio e di Giachin Rina, nato a

Addì 22-10-1990
trasmesso l'estratto esecutivo alla Procura Generale della Repubblica di Milano;

Addì 2-12-90 estratto esecutivo per CAVATTONI F., FIORINA F., FATONE S.

Addì
redatte le schede per il casellario e le comunicazioni ai sensi della Legge Elettorale.

CORRISPOSTA MARCA DA BOLLO APPLICATA SU ORIGINALE PER £ 4830

Cittadella di PAdova il 31.8.1948, residente a Carmignano di Brenta Via Ronchi, 25 - latitante -

—contumace —

4) BRUNETTA FELICE di Pietro e di Cirnino Giuseppa, nato a Messina il 18.8.1951 con domicilio eletto presso lo studio dell'avv. Jacopo Pensa, V.le Reg. Margherita n.30, Milano; - Libero -

- contumace -

5) CARNELUTTI ADRIANO di Alfredo e di Fachin Velia, nato a Buia il 16.11.1946, residente in Vigevano via Toscanini n.14 detenuto dal 3.2.1983 - attualmente ristretto presso la casa circondariale di Cuneo; *Scarc. per queste cause il 2-8-90*

-assente per rinuncia -

6) CAVALLINA ARRIGO di Enrico e di Filippi Elisa, nato a Verona il 17.10.1945, ivi residente in Via Risorgimento 16 -M.C. notif. l'11.6.1982 - in libertà provvisoria dal 10.12.1988.

- presente -

7) CAVATTONI FRANCESCA di Omari e di Trettenero Lidia, nata a Vicenza il 31.7.1950, reside,te a Verona Via S.Leonardo 15/A - in libertà provvisoria dal 24.6.1986- già detenuto dal 12.5.1986.

- presente -

8) FAYONE SANTE di Ciro e di Scaraxo Rosa, nato a Milano il 5.10.1959, quivi residente in Via Sannio n.18 - agli arresti domiciliari - detenuto dal 16.6.1984.

- presente -

9) FILIPPI PAOLA di Santo e di Magro Amelia, nato a Padova il 9.4.1952, ivi residente in Via Monte Versia n.11 - latitante.

- Contumace -

10) FIORINA FRANCO di Marco e di Grimaldi Luigia, nato il 28.1.1946 in Novello, residente in Magnano, Via Dei Campi n.16 - detenuto dal 19.09.1983 - attualmente ristretto presso la Casa Circondariale di Ascoli Piceno.

- presente -

11) GIACOMINI DIEGO di Enzo e di Marchioro Laura, nato ad Albinasco il 30.5.1957, residente in Padova via B. Pellegrino n.118 int.1 - agli arresti domiciliari.

- contumace -

12) LAVAZZA CLAUDIO di Franco e di Tressoldi Lucia, nato a Cerro Maggiore il 4.10.1954, residente in Milano Via Meucci n.17 - latitante.

- Contumace -

13) MIGLIORATI ENRICA di Stefano e di Cauzzo Soledda, nata a Malcesine il 7.9.1955, ivi residente in Via Gardesana 63 - latitante.

-Contumace -

14) PAURA RAFFAELE di Gennaro e di D'Aria Carmela, nato a Napoli il 13.8.1947, ivi residente in Via Ventaglieri 51 (Q.re Monte Calvario) -libero-

- contumace -

15) SILVI ROBERTO di Mario e di Mazzocchi Lea, nato a Napoli il 31.5.1952 residente in Milano via G.B. Sammartini 23 - latitante.

- contumace -

16) SPINA MARISA di Andrea e di Cosentino Angela, nata a Genova l'8.3.1952 residente in Milano via Bisi Albina Sofia 1 - latitante.

- contumace -

17) VERONESI ROBERTO di Renato e di Corona Maria Luigia, nato a Milano il 18.7.1955 residente Via Pellegrino Rossi 15/1 - latitante.

- Contumace -

APPELLANTI

gli imputati personalmente ed a mezzo dei loro difensori

AVVERSO

la sentenza della Prima Corte di Assise di Milano in data 13.12.1988.

BATTISTI CESARE - BERGAMIN LUIGI - LAVAZZA CLAUDIO

107) (già 116) del delitto p.e p. dagli artt.110,628, 1° e 3° comma n.1, tutte le ipotesi, e n.2 C.P. perchè in Milano, il 30/3/79 in concorso con MEMEO Giuseppe e con altra persona non identificata che ebbe a svolgere nell'azione il ruolo di basista, per procurarsi un ingiusto profitto, mediante violenza e minaccia commessa con armi ad opera di più persone riunite, alcune delle quali con il volto travisato, dopo avere costretto MINUTELLO Roberto, dipendente della Banca Popolare di Milano, ad aprire la porta di ingresso dell'ufficio adibito a sportello bancario all'interno della sede di via Toffetti della ditta "Zust Ambrosetti" e ad aprire la cassaforte ivi installata, si impossessavano, sottraendola direttamente al Minutello che la deteneva, di una valigietta 24 ore contenente la somma in contanti di £. 15.000.000= e n.157 assegni circolari della Banca Popolare di Milano, in bianco o parzialmente compilati, per un valore nominale di £. 807.400.000= nonchè dell'ulteriore somma in contanti di £? 21.500.000= che asportavano dalla cassaforte dell'ulteriore aggravante rappresentata dall'essersi, la condotta criminosa, estrinsecata nel porre il Minutello in stato di incapacità di agire, immobilizzandogli gli arti e il corpo con del filo di ferro e imbavagliandolo con del nastro adesivo.

108) (già 117) del delitto p.e p. dagli artt.110,61 n.2, 628, 1° e 3° comma, n.1, prima e terza ipotesi C.P., perchè in Milano, il 29/3/79, per procurarsi un ingiusto profitto e, in particolare, al fine di realizzare la rapina di cui al capo che precede, nelle forme di partecipazione ivi meglio descritte, agendo materialmente in tre persone soltanto che si qualificavano, nell'occasione, "poliziotti", mediante minaccia commessa con armi ad opera di più persone riunite, si impossessavano dell'autovettura Fiat 128 tg. MI-P97473 che sottraevano al proprietario CARNOVALI Angelo dopo averlo costretto a consegnare le chiavi del veicolo dal medesimo appena parcheggiato in luogo.

dichiara

non doversi procedere dei confronti del Battisti in ordine al reato di cui al capoverso dell'art. 612 c.p. e 61 n.2 c.p., così modificata l'originaria imputazione contestata al capo 120) (in epigrafe 111), perchè il reato è estinto per prescrizione;

dichiara

non doversi procedere nei confronti del Battisti perchè l'azione penale non poteva essere esercitata per pregresso giudicato ex art. 90 c.p.p. in ordine ai reati di cui ai capi 79 (in epigrafe 75), in relazione alla sola pistola Beretta cal. 9 mod. 51 matr. 27360, e al capo 100) (in epigrafe 93), in relazione alle sole pistole Smith e Wesson cal. 357 magnum, matr. 9K 76693 e Llama cal . 38 special matr. 743827;

dichiara

il Battisti responsabile di tutti gli altri reati a lui ascritti, assorbito il reato di cui al capo 88) (in epigrafe 81) in quello di cui al capo 89) (in epigrafe 82), e, unificati tutti questi reati con il vincolo della continuazione, ritenuta altresì la continuazione fra i reati oggetto del presente giudizio e quelli giudicati con sentenza 8.6.1983 della Corte d'Assise

N. 24/93 della Sentenze
N. 40/91 Reg. Gen.

REPUBBLICA ITALIANA
IN NOME DEL POPOLO ITALIANO

UDIENZA
del giorno
31/3 1993

LA SECONDA CORTE D'ASSISE D'APPELLO DI MILANO

Composta da:

1° Dott. SAVERIO BAGNATO .... Presidente
2° Dott. LUIGI DE RUGGERO .... Consigliere
3° Sig. ETTORE GUARNAROLI .... Giudice pop.
4° Sig. LUISA SOMAINI .... »
5° Sig. CAMILLO MARTINELLI .... »
6° Sig. DOMENICA FERRO .... »
7° Sig. FRANCA BREGA .... »
8° Sig. ALESSANDRO MILLEFANTI .... »

ha pronunciato la seguente

SENTENZA

NELLA CAUSA DEL PUBBLICO MINISTERO

contro

1) BATTISTI CESARE, nato il 18.12.1954 a Cisterna di Latina, latitante CONTUMACE

2) SPINA MARISA, nata 8.3.1952 a Genova,
latitante
CONTUMACE

Addì 25.5.93
trasmesso l'estratto esecutivo alla Procura Generale della Repubblica di Milano.
per BATTISTI Cesare

Addì 31.8.1993
redatte le schede per il casellario e le comunicazioni ai sensi della Legge Elettorale.
per Battisti Cesare

APPELLANTI

Gli imputati avverso la sentenza della Corte di Assise di Milano 13/12/88.

Gli imputati erano stati rinviati a giudizio per i seguenti reati:

BATTISTI CESARE

96) del delitto p. e p. dagli artt. 110, 112 n. 1, 575 C.P.
già 104)
per avere in Milano, il 16/2/79 in concorso con Bitti Sisinnio, Premoli Marina e con Fatone Sante, Grimaldi Gabriele, Masala Sebastiano e Memeo Giuseppe (già condannati per questo fatto quali autori materiali del crimine, dalla 1º Corte d'Assise di Milano con sentenza in data 27/5/81) e pertanto, con l'aggravante del numero delle persone, superiore a cinque, partecipando all'ideazione, alla decisione e alla successiva rivendicazione dell'azione, cagionato la morte di Pierluigi TORREGIANI, contro il quale, mentre Fatone ed il Masala Sebastiano svolgevano compiti di appoggio e di copertura, il Memeo ed il Grimaldi esplodevano vari colpi di arma da fuoco, attingendolo con cinque proiettili, di cui due ad entrambi gli arti inferiori e, successivamente (dopo la reazione del ferito) due al torace (protetto da giubbotto antiproiettile) e l'ultimo al capo.

- 52 -

la Corte, giudicando in sede di rinvio dalla S.C. di Cassazione dell'8-4-91, conferma la sentenza appellata nei confronti di Cesare Battisti in ordine all'omicidio Torregiani e lo condanna alle ulteriori spese di giustizia, nonchè alla rifusione delle spese di rappresentanza e difesa della parte civile, che liquida in complessive lire trecentomila.

Assolve Marisa Spina dai reati ascrittile per non aver commesso il fatto.

Milano, 31 marzo 1993

Il cons. estensore　　　　　　　　　　　　　　Il Presidente

Il Collaboratore di Cancelleria
(Maddalena GIUSTINO)

Depositata in Cancelleria oggi 1 aprile 1993.
Il Collaboratore di Cancelleria

L'estratto della sentenza è stato notificato a BATTISTI Cesare il e a SPINA Marisa il 6-4-93, non essendo stata proposta impugnazione la sentenza è divenuta irrevocabile, per entrambi, in data 10 aprile 1993.
R. Cano 25-5-93
(Maddalena GIUSTINO)

La Procura Generale di Milano con ordinanza 30-5 determina nei confronti di Battisti Cesare la fase esecutiva in Ergastolo con isolamento diurno per mesi 6-